MW01224367

본격 대결 과학실험 만화

내일은 실험왕 ⑪

본격 대결 과학실험 만화

내일은 실험왕 ⑪ 물의 대결

글 곰돌이 co. | **그림** 홍종현 | **감수** 박완규, (주)사이언피아 | **채색** 유기선 | **사진** POS 스튜디오, NASA, Shutterstock, Wiki
찍은날 2009년 7월 31일 초판 1쇄 | **펴낸날** 2010년 6월 1일 초판 3쇄
펴낸이 김영진 | **본부실장** 황현숙 | **개발 팀장** 박현미 | **기획·편집** 문영, 이영, 최민정, 박소영, 이지웅, 전아랑 | **디자인** 박남희, 이유리, 박지연
마케팅 황선범, 천용호, 김위용, 최병화, 한정도, 김동명 | **홍보** 황영아, 김정아, 박민수, 박정화 | **제작·관리** 김경수, 송정훈, 장동숙
펴낸곳 (주)미래엔 컬처그룹 | **주소** 서울시 서초구 잠원동 41-10 | **전화** 편집 02)3475-3920 마케팅 02)3475-3843~4 팩스 02)541-8249
출판등록 1950년 11월 1일 제16-67호 | **홈페이지** http://www.i-seum.com

부록으로 '부력으로 뜨는 돌고래 만들기' 실험 키트가 들어 있습니다.

ISBN 978-89-378-4763-9 77400
ISBN 978-89-378-4773-8(세트)

잘못된 책은 구입처에서 바꾸어 드립니다.
값은 뒤표지에 있습니다.

*(주)미래엔 컬처그룹은 대한교과서주식회사의 새로운 이름입니다.

본격 대결 과학실험 만화

내일은 실험왕 ⑪

글 곰돌이 co. | 그림 홍종현

아이세움

차례

등장인물

범우주

소속 새벽초등학교 실험반.

관찰 내용

- 연습 실험 중 허홍이 던진 말 한마디에, 자신이 실험을 하는 이유에 대해 생각하며 방황하게 된다.
- 온몸이 흙투성이가 되도록 잔디밭을 뒤져, 란이를 위로할 특별 선물과 편지를 준비한다.
- 초롱이가 좋아하는 사람이 자신이라는 사실을 아직 모른다.

관찰 결과 과학 원리나 용어에는 여전히 약하지만, 뛰어난 관찰력과 직관력으로 새벽초 실험반의 활력소가 되어 간다.

강원소

소속 새벽초등학교 실험반.

관찰 내용

- 혼자 실험을 하던 예전과 달리, 같이 실험하는 친구들이 제 역할을 할 수 있도록 이끌어 준다.
- 영재원에서 배운 내용을 넘어서는 새로운 실험을 구상한다.
- 우주를 무시하는 허홍에게 조용히 반박하며, 무의식적으로 새벽초 실험반에 대한 애정을 드러낸다.

관찰 결과 실험 중 우주의 역할과 가능성에 대해 깨닫기 시작한다.

나란이

소속 새벽초등학교 실험반.

관찰 내용

- 여린 외모와 달리 실험에 대한 열정으로, 새벽초 실험반의 신뢰를 받는다.
- 실험복 사건으로 출전 정지를 받은 것 때문에 내내 괴로워하지만, 재대결에서는 누구보다 열심히 응원한다.
- 우주의 정성 어린 선물과 편지에 용기를 얻어 다시 분발하기로 다짐한다.

관찰 결과 물처럼 항상 곁에 있으면서 서로를 강하게 끌어당기는, 새벽초 실험반의 소중함을 깨닫는다.

하지만

소속 새벽초등학교 실험반.

관찰 내용

- 수첩을 가나다순으로 정리하여, 새로운 정보는 재빨리 찾아 설명해 준다.
- 메모 습관 덕분에 언어 능력이 발달하여 어려운 한자 용어도 쉽게 풀이해서 기억한다.
- 태권도반 응원을 통해 초롱이와 가까워질 수 있을 것이라 기대한다.

관찰 결과 보고서 작성뿐 아니라 논리의 빈틈을 파고드는 질문을 던져, 대결에서 제 몫을 해낸다.

김초롱

소속 새벽초등학교 태권도반.

관찰 내용

- 남들에게는 무뚝뚝하고 괴팍하지만, 우주 앞에서는 온순한 양 같다.
- 태권도 예선 대회에서 상대를 가뿐히 쓰러뜨리고, 우주를 응원하러 전국 실험 대회장으로 찾아온다.
- 실험은 잘 모르지만, 교장 선생님과 함께 적극적으로 새벽초 실험반을 응원한다.

관찰 결과 우주가 란이를 좋아한다는 사실을 알고 큰 충격에 빠진다.

에릭

소속 한별초등학교 실험반.

관찰 내용

- 학생들이 실험에 빠져들어 스스로 문제를 해결할 수 있도록 도와준다.
- 의기소침해진 란이를 위로하며, 편안한 실험 친구가 되어 준다.
- 가설을 이기고 싶어 하면서도, 그처럼 좋은 스승이 되기 위해 끊임없이 노력한다.

관찰 결과 란이에게 새벽초 실험반의 의미를 자연스럽게 알려 준다.

기타 등장인물

❶ 새벽초 실험반의 정신적 지주 **가설 선생님.**

❷ 왠지 기분 나쁜 말투와 행동을 하며 초롱이를 따라다니는 안경 소년 **천재원.**

❸ 의도치 않게 새벽초에 실험 대결의 아이디어를 주는 **허홍.**

정숙
제1화
재대결을 앞둔 새벽초

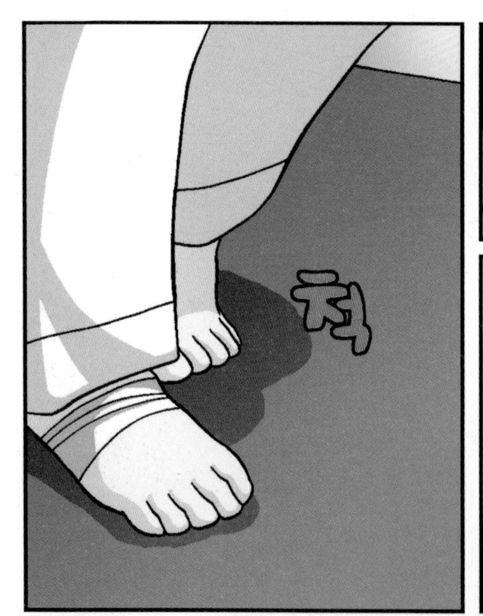
척

스윽
꾹..

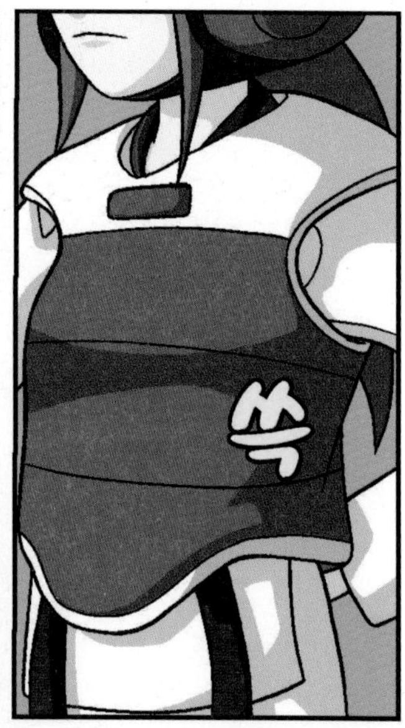
쓱

내 이름은
김초롱!
척

그리고 오늘은
전국 태권도 대회의
예선 마지막 시합!
청!
홍!
어렸을 때부터
태권도는 나의
삶이자 꿈이다!
와아아아
와아아

초롱아! 네가 이기면
우리 학교가
전국 대회 본선에
진출하는 거야!
차렷! 경례!
겨루기
준비!
시작!!
와~
척
와아

본선은 이틀 뒤!
오늘 승리하면
다음은……
전국
대회다!
억..
탓
휙
스
스
스
틈을 노려!!
합!
초반부터
힘 빼면
안 돼!
쉬익
스윽
?!

쿵!!
꽥!!

멍…

멍~

역시 김초롱! 한 방에 해냈구나.
됐어. 본선에 나갈 수 있게 됐으니…….
정신 차려!
후우…

홍,
승!
와아아
후다닥
넌 역시 천부적인
재능이 있어!
장하다, 김초롱!
본선까지 이틀
남았으니까, 그동안
좀 쉬어도 되지?
턱
다다닥

쉰다고? 그야
괜찮지만…….

잠깐!
지금 어딜
가는 거야?!
개인행동은
금지다!
발끈

오늘은 나의
두 번째 꿈인 범우주를
마음껏 볼 수 있어!
사방
와아아
우주도 여기에서
전국 실험 대회의
시합이 있으니까!!
이번 대결은,
솔향초등학교의
승리입니다.
와~
이런……,
점수 차가
너무 커.

1차전이 모두 끝났으니,
남은 건 우리 학교뿐이야.
오늘 오후의
재대결이
끝나면
16개 학교만
남겠군.
털썩

조금 있다 간단한 연습 실험을…….
응?

범우주는
어디 갔지?
아니, 어느새!
발표할 때까지만
해도 여기 있었는데!!

란이 찾으러
나가 버렸나 봐.
아까부터
란이가 안 보인다고
안절부절못하더니…….
안절부절
연습 실험을 하기로
한 건 알고 있으니까,
란이와 함께 오겠지.
…….

그 녀석,
아직도
신경 쓰고
있는 건가…….
스윽
응?

아냐,
별 문제 없겠지.
…….

대회장
둥

기숙사에도
없고!
연습실에도
없어!
연습실
기숙사
대회장
문방구
슈퍼
오락실
PC방
대회장에도
안 오고……!
대체 어디 있는
거야?!
꾸깃

내가 지켜 줘야
했는데……. 역시 난,
자격이 없어!
훌쩍

우엥
난 란이를
좋아……,
응?

움찔
하, 할!
자격이…….
우주니?

란이야~,
여기 있었어?
하, 할머니와
나란히 걸었더니
좋구나~!
꽥~

책 읽고
있었구나?
난 그런 줄도
모르고
걱정했네,
헤헤.
조금 있다가
다들 연습실에 모이기로
했거든. 같이 가자.
털썩
우주야……,
꼬옥
이번 대결은
너희들끼리 호흡을
맞춰야 하니까……,
뭐?
나는 그냥 혼자
공부하고 있을게.
이번 대결은
빠져도 우린
한편이잖아.
쿵
어쩌면
내가 없는 편이
더 나을지도
몰라…….
…!

무, 무슨 말을 해야
할지 모르겠어!
어떻게 하면
란이를 위로할 수
있을까?
끙..
끙..
으아~, 바보!
왜 아무 생각도
안 나는 거야!

와! 이 책은 뭐야? 진짜 두껍다!
오~
이런 책을
봐야 할
사람은 난데.
조잘
조잘조잘

난 란이보다 훨씬
무식하니까 말이야!
같이 봐도 돼?

끈끈이주걱이
쌍떡잎식물이구나~.
조잘
조잘
조잘
벌레가 닿으면
점액이 생겨서
벌레를 잡는대!

자, 여기.
난 다 봤으니까
빌려 줄게.
아!
그, 그게
아니라…….

탁
탁
탁
란이야, 아직 여기 있었구나! 다행이다.

응…….
여기 나도 있거든! 안 보이냐?
불쑥

무시
지금 시간 괜찮으면, 내 실험 좀 도와줄래?
실험을?

응, 넌 나랑 손발이 잘 맞잖아.
부탁해.
윽!

아, 그래…….
헉!

미안하지만
난 잠시 후에
연습 실험이 있어.
잘됐네.

넌 필요 없으니까.
가자,
란이야.
응.

빠직
이글
이글
저, 저 녀석이!!
크윽!

근데 란이가
웃고 있어…….

난 저 녀석만큼도
위로가 안 되는
존재란 말인가!
털썩

찌릿
으악!!

오오오~, 이 뼛속까지 파고드는 고통!
펄쩍
덥석
너까지 날 괴롭혀? 에잇!
토끼풀 [clover] 쌍떡잎식물 장미목 콩과의 여러해살이풀.
학명:Trifolium repens
분류:콩과
원산지:유럽
크기:높이 20cm~30cm
으흥?
토끼풀이 클로버구나…….
식물도감

와
아
아
아
둥실..
오오오~
단번에
구만초 실험을
재현했어!
훨씬 더
안정적
이야.

이 정도야
식은 죽 먹기지.

불미스럽게
재대결을
하게 된 누구랑은
다르다고.
…….

시간이 지났는데,
란이와 우주는
왜 안 오지?
준비도
다 됐구먼.
털썩
좀 더 기다려 보자.
으, 응.
철컥
단체연습실
휘이이이이
앗, 바람!
휘이이잉
둥실…
아, 안 돼!
으아,
날아간다.

휘이이
툭
훅
푸시식
대롱
대롱
멍~
까하하
대롱
대롱
푸하하하,
천장에 걸린 저
이상한 건 뭐야?
누구네 실험인 것
같은데……,
저렇게 약해서야
진짜 대결이었으면
바로 감점이라고.
척
척
척

왜 이렇게 늦었어?
꼴은 또 왜 그래?
나름대로 바빴지~.
란이는 혼자 공부한대.
란이는?
하하
늦어서
미안.

스윽

뭐야? 시비 걸지 말고
저리 가. 우린 오늘
바쁘다고!
휙
…….

그래. 대결 전에
얼마나 굉장한 실험으로
연습하는지 우리도
구경할 수 있을까?

아……,
그래.
그렇게
원한다면…….
삐질..
뭐?!
…….
둥.

실험 1 밀도 차이를 이용한 칵테일 만들기

밀도의 값은 질량을 부피로 나눈 것으로 구할 수 있으며, 두 물질의 부피가 같을 때 밀도가 클수록 질량이 더 큽니다. 즉, 밀도가 큰 물질일수록 더 무겁다고 할 수 있습니다. 모든 물질은 고유한 밀도 값을 가지고 있고, 같은 액체 상태라고 하여도 성분에 따라 밀도 차이가 생기는데, 이것을 이용하여 예쁜 칵테일을 만들어 봅시다.

준비물 빈 요구르트 병 6개, 긴 유리컵, 스포이트, 요구르트, 우유, 오렌지 주스, 탄산음료, 식이 섬유 음료, 황도 통조림 국물

❶ 깨끗이 씻은 빈 요구르트 병 여섯 개에 음료수를 각각 같은 높이로 담습니다.

❷ 요구르트 병에 담은 황도 통조림의 국물을 유리컵에 천천히 따릅니다.

❸ 요구르트, 식이 섬유 음료, 오렌지 주스, 탄산음료, 우유를 스포이트를 이용해 천천히 차례로 넣습니다.

❹ 음료가 서로 섞이지 않고 층을 이루어 색색의 칵테일이 완성됩니다.

왜 그럴까요?

같은 액체인데도 음료수들이 서로 섞이지 않고 층을 이루는 이유는 각각의 밀도가 다르기 때문입니다. 황도 통조림 국물, 요구르트, 식이섬유 음료, 오렌지 주스, 탄산음료, 우유의 순서로 밀도와 질량이 작기 때문에, 조심해서 담으면 중력의 영향으로 무거운 물질은 아래에 가벼운 물질은 위쪽에 있으면서, 서로 섞이지 않고 층을 만들게 됩니다.

실험 2 빨대 잠수부 관찰하기

물체는 물속에서 중력과 반대되는 힘인 부력을 받습니다. 부력은 물이 물체를 밀어 올려 물에 떠 있을 수 있게 하는 힘으로, 부력의 크기는 물속에 잠긴 물체의 부피와 같은 양의 물의 무게와 같습니다. 예를 들어 페트병을 물에 완전히 밀어 넣었을 때 생기는 부력은, 페트병을 가득 채운 물의 무게만큼의 힘과 같습니다. 이러한 부력의 크기가 중력보다 크면 물체는 위로 떠오르고, 부력이 중력보다 작으면 가라앉게 됩니다. 이러한 부력의 힘과 원리를 간단한 실험을 통해 확인해 봅시다.

준비물 접히는 모양의 빨대, 투명한 플라스틱 음료수 병, 고무찰흙, 고무줄, 가위, 물

❶ 접히는 부분을 남기고 빨대를 자른 뒤, 아래를 고무줄로 묶습니다.

❷ 고무찰흙으로 잠수부를 만들어, 빨대 아래쪽에 붙입니다.

❸ 투명한 플라스틱 병에 물을 가득 채웁니다.

❹ 잠수부를 바로 세워서 물속에 넣고, 플라스틱 병의 뚜껑을 닫습니다.

❺ 손으로 힘을 주어 플라스틱 병 옆을 누르면 잠수부가 가라앉고, 손을 놓으면 다시 잠수부가 떠오릅니다.

왜 그럴까요?

실험에서 부력을 크게 받는 것은 빨대입니다. 플라스틱 병을 누르면 그 압력을 받아 물이 빨대 속으로 들어가고, 빨대 속 공기의 부피가 줄어들어 그만큼 부력이 작아집니다. 부력과 중력이 평형을 이루어 물속에 떠 있던 빨대는, 물이 빨대 속으로 들어가면서 중력이 커져 아래로 가라앉게 되는 것입니다. 이때 누르고 있던 손을 놓아 압력이 사라지면 물이 빠져나가면서, 빨대 속 공기의 부피가 늘어나 중력이 작아져서 빨대 잠수부가 다시 떠오르게 됩니다.

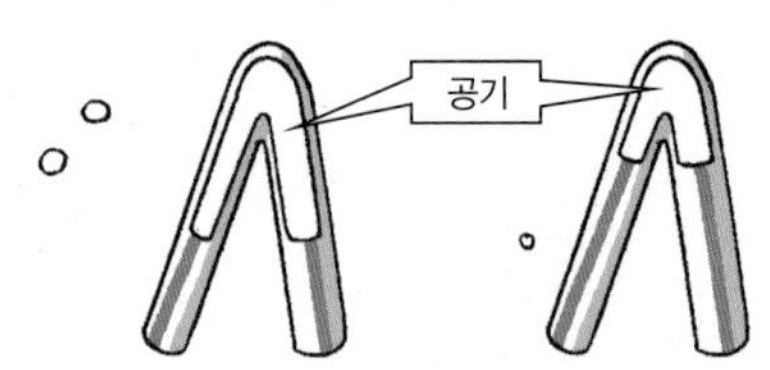

압력을 가하기 전
빨대 속 공기의 부피가 크므로 중력이 작다.

압력을 가했을 때
빨대 속 공기의 부피가 줄어들어 중력이 크다.

제2화

실전 대비 연습 실험

두 개의
삼각 플라스크와
고무마개,
물과 아세톤, 두 개의 비커,
소금과 약숟가락.
고무마개 두 개
물
삼각 플라스크 두 개
비커 두 개
아세톤
소금
약숟가락
그리고 깔때기 두 개와 거름종이,
깔때기 대로 꾸민 거름 장치.
거름종이
깔때기 대
깔때기

이 실험물들을 이용해
용해와 용액, 용매와 용질의
정의를 알아볼 거야.
용해, 용액,
용… 용…….
음…….
어절..
흣…

한쪽 플라스크에는 물을
다른 플라스크에는 아세톤을 4분의 1 정도씩 넣어서,
주르륵
주르르륵
각각 같은 양의 소금을 넣고
물
아세톤
소금
소금
마개를 닫고 흔들고 있어.
결과를 예상해 봐.
물
그야 당연히 물에는 소금이 녹아서 소금물이 되고…….
잠깐!

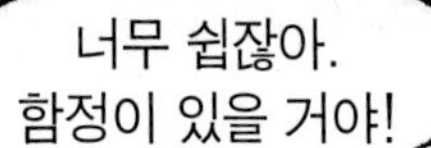
너무 쉽잖아.
함정이 있을 거야!

두 액체에 똑같이
소금을 녹인다고?
함정?
이렇게 비교해서
실험을 하는 건……,
분명 두 결과가 다르기
때문일 거야!
빙글
빙글
빙글
빙글
물
물
아세톤
아세톤
둥..

그렇다면……,
소금은 당연히 물에 녹으니까,
아세톤에는 녹지 않을 거야!
푸하하하
그것도 예상이냐?
그럼……,
뽕
확인해 볼까?

준비해 둔 거름 장치를
이용해서,
거름종이에
걸러진 것을
확인하는 거야.
쪼르륵
쪼르륵
소금이 녹았다면
거름장치를 통과해
나올 것이고,
안 녹았다면
거름종이에 걸러지겠지.
물 + 소금
와! 정말
물의 소금은
다 녹았고,
아세톤의 소금은
거의 녹지 않고
걸러졌어.
아세톤 + 소금
그것 봐!
내가 맞혔잖아!
'모로 가도 로마만
가면 된다' 는
속담도 있지.
파하하하
'모로 가도 서울만
가면 된다' 지!

움찔
좋아. 이 실험에서 용해, 용매, 용질, 용액이 뭔지 알겠어?

또 나왔다! 용해, 용매, 용… 용…….

아까는 내가 맞혔으니까 이번엔 지만이 네 차례야~.
배시시..
뭐?!

그, 그러니까…….
용해, 용매, 용질, 용액은…….
텅~
그, 그건 아직 공부를 안 했는데!
잘근 잘근
그래! 단어의 뜻을 풀어 보면 알 수 있을지도…….

용해, 용은 보통
녹을 용(溶)에…….
용해는 녹아
풀어진다는 뜻이니까,
여기서는 소금이
물에 녹는 것을 말해.
소금
물
용해
해는 아마
'해결하다' 할 때 쓰는
풀 해(解)일 거야!
용질은
역시 녹을 용(溶)에
'물질' 할 때 쓰는
바탕 질(質)!
용질은 녹는 물질이니까,
소금을 말하는 거야!
용질
소금
용매는 녹을 용(溶),
그리고 매는
'매개' 할 때 쓰는
중매할 매(媒)!
용매는,
녹게 만드는
중간 역할을 하는
물질이니까,
물을
말하는 거고!
물
용매
마지막으로
용액은 녹을 용(溶)에
'액체' 할 때 쓰는
즙 액(液)이니까…….
용액은
용매에 용질이 용해되어
만들어진 것!
바로
소금물이지!
둥!
용액

그래,
맞았어.
끄덕
와!

하하하, 잘했어!
바로 그거야!
놔!

소금은 물에 녹지만
아세톤에는 녹지 않았어.
그렇다면,
반대로 아세톤에는 녹고
물에는 녹지 않는
물질도 있지 않을까?
물이 든
플라스크 네 개
아세톤이 든
플라스크 네 개
그걸 알아보기 위해
물과 아세톤이 든 플라스크를
각각 네 개씩 준비하고,
설탕
시트르산
나프탈렌
탄산칼슘
물
물
물
물
아세톤
아세톤
아세톤
아세톤

설탕, 시트르산, 나프탈렌, 탄산칼슘,
이 네 가지 물질을
물과 아세톤에 녹여 보는 거야.
설탕
시트르산
나프탈렌
탄산칼슘

좋아!
난 물을
맡을게.

푹..
설탕

물이 든
플라스크
스윽

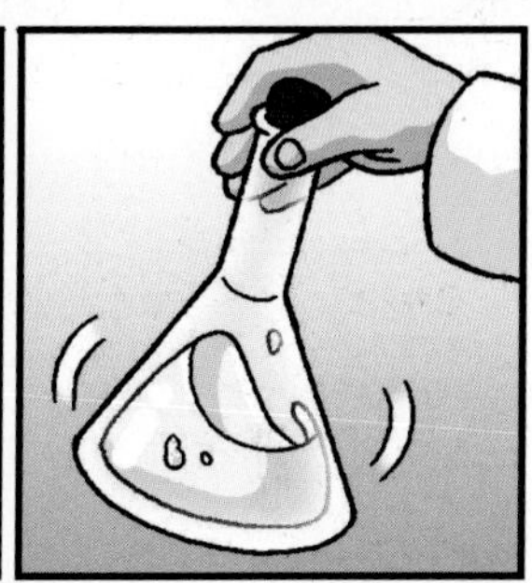

그럼 내가
아세톤을 맡지.

척

아세톤이 든
플라스크
사락

네 가지 모두
충분히
흔들었어.
비교하기 쉽게
같은 용질끼리
놔 보자.
좋아! 나도 다 했어.
척
척
아세톤
물

설탕
물
아세톤
용해됨
용해되지 않음

시트르산
물
아세톤
용해됨
용해됨

나프탈렌
물
아세톤
용해되지 않음
용해됨

탄산칼슘
물
아세톤
용해되지 않음
용해되지 않음

나프탈렌이 물에는 녹지 않았는데, 아세톤에는 깨끗하게 녹았어.
탄산칼슘은 둘 다 용해되지 않았어.
물
아세톤

용액은 용매에 따라 좌우된다고 할 수 있어.

용매에 따라
녹는 물질이 다르고,
만들어진 용액의
이름도 달라지지.
요오드화칼륨 수용액,
메틸렌 블루 수용액,
염화나트륨 수용액의
공통점이 뭔지 알겠어?

요오드화
칼륨
메틸렌
블루
염화
나트륨
내 약품 정리 경험으로
보면, 세 가지 모두
가루 상태였던 것을
녹인 거야!
수용액의 수는
물 수(水)겠지.

그러니까 셋 다
물이 용매인 용액?!

그래. 수용액은 물이 용매인 용액에
붙는 이름이야. 알코올 용액은
알코올이, 벤젠 용액은 벤젠이
용매인 용액이지.
와~
끄덕
이제 용질, 용매,
용액의 개념을
확실히 알겠지?
음, 이제
알겠어.

이건……,
용질인
설탕이
중얼
중얼
중얼
용매인 물에
용해되어,
설탕물 용액이
된 거야!
용질
용매
용해
설탕물
용액

처어어어억
이건,
용질인
나프탈렌이
용매인 물에
아,
아니지.
용매인
아세톤에
용…….
키득
키득
키득

이봐. 천천히 외우도록 해.
처음 듣는 단어들일 텐데
단박에 되겠어?
움찔

설마 진짜
처음 듣는
거야?
야~, 그건 좀
심하다.
키득
키득
키득

특히 나프탈렌은
방충제의 원료니까,
함부로 버리면 안 돼!
잘못 들이마시면
두통이 생길 수도
있거든.
저리
치워!

그것보다
화학 실험은
뒷정리가
중요하지.
??
주섬
뽕

물에 남은 나프탈렌은 걸러 내어 말리고, 아세톤에 녹은 나프탈렌은
환기가 잘 되는 곳에서 날려 보낸 뒤 정리하면 돼!
휙
조, 조심해!
저 녀석이 새벽초 강원소?
역시 보통이 아냐.
빠직
물은 그대로 버리고,
아세톤은…….
찰랑
툭
?
응……?!
후다닥

물
똑..

어라?!
툭..
아세톤

으아……,
역시 이상해!

뭐가
이상하다는 거야?
?

물은 떨어지면
이렇게 동그란
모양이 되는데,
아세톤은 옆으로
퍼져 버린다고.
혹시 아세톤이
계란처럼 상한 건가?

이건……,

빤~
이 미묘한 차이를
그냥 우연히
발견했다고?!
응……?!

뭐야~,
너도 잘
모르는 거야?
씨익~

이건 물의
표면 장력
때문이야.
표, 표면
무슨 력?

액체는 표면적을
작게 하려는
성질이 있어.
액체의 이런
성질을 표면
장력이라 하지.

이것도 처음 들어서
외우기 힘들지?
버럭!
뭐?! 내가
물방울이
동그란 것도
모를 거 같아?

알고 있다고?
그럼 표면 장력을 만드는
물 분자의 특징도
잘 알고 있겠군.
어디 한번 들어 볼까?

부, 분자의 특징?
물방울이 동그란 게
분자의 특징 때문이라고?!
대, 대체
무슨 소리야?
표면 장력도 오늘
처음 듣는 건데!
멍~

크크크크
빠득
저 녀석, 내가
모른다는 걸
알고 일부러!

표면 장력이
생기는 이유는,

액체 표면의 분자들이
서로 잡아당겨서 가능한 작은
면적을 만들려고 하기 때문이야.
표면에 있는 물 분자들은
바깥쪽에서 잡아당겨 줄 물 분자가
없기 때문에, 안쪽으로만 당겨지면서
동그란 모양이 되는 거지.
특히 물은 이 힘이
다른 분자들보다
세 배 정도 강해.

물이 서로 당기는 힘이
강하다고?
그렇다면……,

쿠쿠쿠쿠
이런 게
실제로 가능한
거야?
쿠쿠

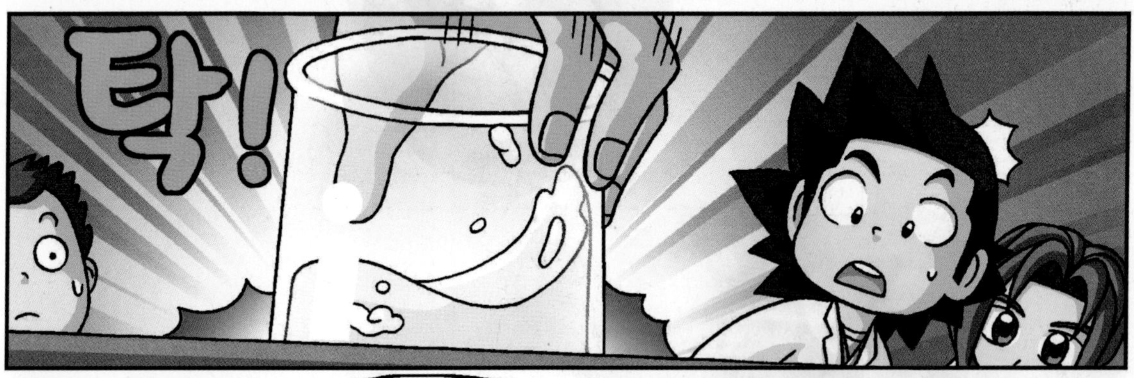
탁!

잘 모르는 것 같으니까
네 수준에 딱 맞는 초간단
실험으로 보여 주지.
척

먼저 이
종이를
물 위에
띄우는 거야!
척..

사악..
자, 범우주!
종이가 왜 물에 뜰까?

우물쭈물
그, 그야
종이니까
당연히…….

훗..

종이는 물보다
밀도가 낮아서
물에 뜨는 거야.
미, 밀도?

밀도가 뭔지 알아?
범우주,
말해 볼래?
움찔
밀도는 단위 부피당 물질의 질량을 말해.
같은 부피라도 무거운 물질의 밀도가 더 크지.
물
공기
그럼 물의 밀도가 가장
높은 온도는 몇 도일까?
범우주!
으…….
물은 4° C에서
밀도가 가장 커져.

이제 종이 위에 바늘을
올려놓고 기다리면…….
허홍 녀석!
지, 지금
뭐 하는 거야?
싸우고 싶으면
너네 둘이서
하면 되잖아!
종이는 물을
흡수하는
친수성
물질이라
급속히 물을 흡수하고,
밀도가 높아져서
가라앉게 되지.
아까부터 여기서
얼쩡거린 게
이것 때문이야?
사람을 중간에 놓고
이게 무슨 짓이야?!
스륵
그럼, 종이 위에 있던
바늘은 어떻게 될까?
둥
둥

어딜 보는 거야? 실험에 집중해야지! 잘 봐. 이게 표면 장력이야!
물이 서로 끌어당기는 힘으로 표면에 막을 만들어서, 밀도가 높은 바늘도 물 위에 떠 있을 수 있는 거지.
한마디도 못하고 있는 널 위해, 이번엔 쉬운 문제를 줄게.
너처럼 주변에서 흔하게 볼 수 있는 거야.
호수나 웅덩이에 이런 표면 장력을 이용하는 곤충이 있지!
크기는 1cm~1.5cm로 주변에 떨어진 곤충이나 죽은 물고기의 체액을 빨아 먹고 살아.
발목 마디의 잔털을 이용해 표면 장력으로 물 위를 걸어 다니지.
소금쟁이
부들
부들

하아~
설마 이것도 모르진 않겠지?
그건,
소금쟁이 잖아…….
부들
부들

그래~, 바로 그거야! 이것마저 모르면 어떡하나 걱정했는데, 다행이다.
짝
짝

다들 잘 봤지?
저런 녀석이 우리와 함께 지금 전국 실험 대회에 출전하고 있는 거야. 믿겨?
수군
믿을 수 없어.
정말 기분 나쁜걸.
저 실력으로? 말도 안 돼.
수군
수군

이렇게 수준 낮은 애가 여기서 설치는 건,
바로 강원소 너 때문이야!
척!

아까부터 이 녀석 대신
대답 잘하더군.
그럼 이 질문에도
대답해 보시지!
이 녀석이 어째서
실험반에 들어와서
실험을 하고 있는지.
내가……,
실험을 하는 이유?!
둥!
움찔
…….
…….
너도 모르겠지?
어쩌다 네가 여기까지
데리고 왔으니까.
재미있는 건,
저 녀석도
자기가 왜 실험을
하고 있는지
모른다는 거야.
뭐,
뭐야?!

이 녀석이
보자 보자
하니까……!
턱
왜 이래?
강원소,
이거 봐!
설레
설레
새벽초 실험반은
이 물과 같아.
강원소라는 그릇에
담겨 있으면 그런대로
모양이 있지만,
툭
그릇이 없으면
그대로 형태가
사라져 버리지.
촤아악

강원소, 네가 없어도
이 실험반이 존재할 수
있을까? 난 못 한다고
생각하는데.
어쨌든,
오늘 대결은
기대할게!
둥

아르키메데스 (Archimedes)

아르키메데스(BC 287?~BC 212)
고대 그리스 최고의 수학자로, 오늘날 유체 역학 연구에 크게 기여한 부력의 원리를 발견했습니다.

고대 그리스의 수학자이자 물리학자, 천문학자인 아르키메데스는 나선식 펌프를 만들고, 지렛대의 원리를 응용하는 등 오늘날 우리의 생활에 영향을 미치는 기본 원리들을 정리했습니다. 특히 아르키메데스의 원리라고도 불리는 부력의 법칙은, 물체를 물속에 넣었을 때 물체가 받는 부력의 크기는 물체의 부피와 같은 양만큼의 물에 작용하는 중력의 크기와 같다는 것입니다. 아르키메데스가 이 원리를 발견한 일화는 매우 유명합니다.

어느 날 자신이 구입한 순금으로 만든 왕관에 은이 섞여 있다는 소문을 들은 왕이 아르키메데스에게 왕관의 감정을 맡깁니다. 그는 금이 은보다 밀도가 크기 때문에 금과 은의 무게가 같을 때 은의 부피가 더 크다는 것을 알고 있었습니다. 그러나 부피를 재는 방법을 찾을 수가 없어 고민을 하던 중, 자신이 욕조에 들어가자 가득 찼던 물이 넘치는 것을 보고 부력의 원리를 깨닫게 됩니다. 너무 기쁜 나머지 벌거벗은 채 유레카(그리스어로 '발견했다, 알아냈다')를 외치며 집으로 뛰어간 그는, 그릇에 물을 가득 붓고 왕관을 넣어 넘치는 물의 양과 같은 무게의 금덩이 부피로 넘치는 물의 양을 재어 비교하는 실험을 했습니다. 그는 왕관을 넣었을 때 물이 더 많이 넘치는 것을 보고, 왕관에 은이 섞여 있다는 사실을 밝혀내고 부력의 원리를 정리하게 됩니다.

마지막 날까지 기하학의 연구에 몰두하던 아르키메데스는, 포에니 전쟁 중 자신을 몰라본 로마 병사의 손에 죽고 맙니다. 그는 기수법이나 원주율 등의 수학을 일상생활과 연결시켜 그리스 수학을 발전시켰고, 현대 과학의 바탕이 되는 원리들과 수많은 저서를 남겼습니다.

G박사의 실험실 1

물을 아껴 쓰는 방법

제3화

정체 모를
안경 소년의 등장

구내식당
…
채미있는 건,
저 녀석도 자기가 왜 실험을 하고 있는지 모른다는 거야.
꾸역
……
꾸역
수군
수군

컥!

여, 여기
물 마셔! 물!
탁탁탁 탁

벌컥
벌컥

크아……,
살았다.
탁

우주야,
울지 마!

그런 녀석 말에
눈물까지 흘릴
필요는 없다고!
절대 흔들리면
안 돼!
넌 있는
그대로의
무식한 네
모습을
사랑했잖아.
구내식당
척!

내가 울긴 왜 울어?
목에 밥알이 걸려서
눈물이 난 것뿐이야!
하마터면
코로 나올
뻔했어!
버럭!

바보야!
내 앞에서까지 괜찮은 척 애쓰지 마!
쾅

밥알이 걸린 것도 아까의 충격 때문이잖아!
그, 그런가?

구내식당
뭐, 솔직히!
허홍 녀석이 우릴 바보 취급 한 게 하루 이틀도 아니고…….
푹
우리라니? 우리가 아니라 너라고…….

진짜 열 받는 건 원소 녀석이야!
원소가 왜?
구내식당

왜냐니! 허홍이 비웃을 때
구경만 하는 걸 너도 봤잖아.
탕

사실 원소도 허홍과 똑같이 생각하고 있는 거라고!
그러니 한마디도 안 하고 잠자코 있었지.
꿀꺽
꿀꺽

그건……,
허홍 말이 틀리지 않으니까.

…
나도 내가
어쩌다 실험반에 들어와서, 여기까지 왔는지 신기해.

어쩌다 들어오다니?!
넌 몰라도 난 아니야! 난 분명히 목적이 있었어!
구내식당
벌떡
좋아하는 사람을 따라 실험반에 들어왔지!
그 사람을 위해 실험왕이 되어서,
그녀의 이상형으로 다시 태어나,
위대한 사랑을 이루는 거야!

그게 목적이라면…….
란이가 실험반을 그만두면, 너도 그만두겠다는 말이야?
뭐……?
하긴, 그것도 목적이라면 목적이지.
이따 대기실에서 보자.
내가 실험을 그만둔다고?
란이 때문에 시작했으니까.
란이가 그만두면 나도 실험을 그만두는 건가……?
나 실험반에 들어갈 거야!
같이 가, 란이야!
두근..

파닥
으아아~,
아냐! 아냐!
란이가 실험반을
그만둘 리 없으니까,
이런 생각은
안 해도 돼!
파닥
파닥
그럼~,
그럼!

2차전 진출을
결정지을 이
중요한 순간에,
대결에
집중해야지!
집중!

뒤적
어디 있지?
빨리 찾아야
하는데…….
뒤적
뒤적

뒤적
우주야…….
뒤적
스
윽
뭐……,
잃어버렸어?

사사사삭
내가 도와줄까?
오싹!!
깜짝이야!
김초롱?!

여긴 어떻게
온 거야?

우리 태권도반도
전국 대회에 출전했거든.
발그레~

그럼 체육 경기장에 있어야지.
혹시……, 벌써 탈락한 거야?

탈락이라니?!
난 우승 후보라고!!
싸늘
그, 그래.
미안.

오늘 예선 경기를 했는데,
본선까지 시간이 좀 남아서,
아차…
너……, 아니 우리 학교
실험 대결을 보러 온 거야.

초롱이가
좋아하는 사람은
내가 아니래.
그, 그랬구나.

그런데 지금
뭘 찾는 거야?
내가 실험을 하는
원초적인 목적이랄까.
하아
목적지를 향한
과정이랄까.
뭐, 그런 걸
찾고 있어.

그게……, 정말
이 잡초 사이에 있단 말이야?
초롱아…….

넌 태권도를 하는
이유가 뭐야?
내가 태권도를
하는 이유……?

훗…
우리 엄마가 태몽으로 하늘에서 떨어지는 금메달을 받으셨대! 게다가 난 태어나자마자 아빠 얼굴을 걷어찼고.
사실 어렸을 때부터 축구, 수영, 육상, 야구, 스케이트 등 안 해 본 게 없었고 뭐든 자신 있었어!

그러다가 마지막으로 태권도를 시작했는데, 그때 알게 됐지. 난 태권도를 하기 위해 태어난 거야. 이렇게!
팡
훌렁
팡!

툭…

아……, 내 안경!
안경이 없으면 아무것도 안 보이는데…….
더듬
더듬

네 안경 여기 있어.
고마워,
우주야.
더듬
더듬

안경을 벗으면
모두 흐릿해.
응.
쳇, 이것도
아니잖아.

시합할 때 조심해야겠다.
안경이 벗겨지면 바로 지겠는걸?
시합 땐
부상 위험 때문에
보통 특수 안경을
사용해. 그런데……,

난 대결 땐 아예
안경을 쓰지 않아.

안경이 없으면
아무것도
안 보인다면서.
그런데 어떻게
이기는 거야?
그건…….

인체는 한쪽 감각이 떨어지면
다른 감각이 더 예민해집니다.
그래서 초롱이가 안경을 쓰지 않고도
태권도 시합에서 이길 수 있는 거죠.
응?
눈이 잘 보이지 않으면 귀나 코, 피부가 눈을 대신해 집중하는 것이 생명의 신비한 본능이지요.
모든 생물은 살아가기 위해 환경에 적응하며 말로는 설명할 수 없는 다양한 능력을 발휘합니다.
연어가 바다에서 살다가 자신이 태어난 강으로 정확하게 돌아오는 회귀 본능처럼 말입니다!
연어
스윽
스윽
수천 킬로미터의 세찬 강줄기를 거슬러 올라가는 연어를 생각해 보십시오!
흠칫
스윽
정말 놀랍도록 신비롭지 않습니까?

벌떡
저도 약 2분 전에
그런 신비한 일을
겪었습니다.
저 말이
사실이야?
글쎄…….
전국 태권도
초등 여자부의
에이스, 김초롱.
툭 툭
맞지?
뭐야?
초롱아,
너 이 사람
알아?
오싹..

당신과는
상관없는 일일 테니,
신경 쓰지
말아 주십시오.
척
뭐?
휙!
보통 사람의 육안으로
인식할 수 있는 거리인
400m보다 훨씬 멀리에서,
단번에 널 알아봤어.
?!
넌…….

내게 특별한
존재거든.
진지~

빠직..
너 대체 누구야?

역시 날
기억하지
못하는군.
정보를 입력하고
저장한 뒤, 인출하는
과정이 완성되는 데는
심리적
영향이
크지.

그렇다면 난 네게
특별하지 않았군.
하지만 난 분명히 기억하고
있어. 나래 유치원
구름반, 김초롱.
난 너와,
같은 반이었던
천재원이야.
•••

나래 유치원
구름반은 맞는데,
넌 전혀 모르겠거든?
난 그 당시……,
외계 생명체를 대신해
그들의 명예를 지켜 주고 있었어.
그림일기
XXXX년 5월 20일
외계인
이야.
나래
유치원
잘
그렸네.

그 림 일 기
그러나 조직적으로 외계인을 부정하는 아이들이 날 곤란하게 했어.
외계인은 이렇지 않습니다!
내 그림!
맞을래?
파팡
으악!
그때 초롱이 네가 나타났어! 그리고 정의의 편에서 날 구해 주었지.
축구 연습에 방해되니까 꺼져~
으앙~
빠직..
그 다음 날, 난 이사를 가게 됐고, 네게 고맙다는 인사도 못 하고 헤어졌지.
그 후로 네 소식은 가끔씩 듣고 있었어. 태권도 대회 우승도 포함해서 말이야.
고맙다는 말은 필요 없어.
난 기억도 안 나니까.
옛날 얘기는 그만하고, 네 갈 길 가.
오싹
스스스스스
아직 고맙다는 말은 하지 않았어. 언젠가 정식으로 할 테지만…….
지금은 아니야.

당신은 오늘
전국 대회 사상 초유의
재대결을 하게 된
새벽초등학교의
범우주 님…….

그럼 넌 실제로
외계인을 본 적이
있다는 거야?
키득 키득

날 알아? 혹시 나에게도
고마운 기억이?!
헤?
그럴 리가.
우리는
단 한 번도
만나지 않았습니다.

저도 전국 대회에
출전하고
있기 때문에
아는 것뿐입니다.
진저..

스윽
저번 대결에서 38.5점 대 37.5점으로
이겼으나, 의문의 쪽지 사건으로 인해
오늘 바다초등학교와 재대결하지요.
나도 기억 못 하는
우리 대결 점수를
외우고 있다니…….
거기다 웬
존댓말?

낯선 분에게
예의를 갖추는
겁니다.
척
37분 30초 후면
대결인 걸로 알고 있는데,
여기 있는 걸 보니
뭔가 대단히 중요한 걸
찾고 있는 것 같군요.

너랑은 상관없는 일이니까
너도 신경 쓰지 마십시오~!
…….
어, 저건!!
드디어……,
차…….
찾았다!
찾았어!
푸
하
하 하
좋아!
이번 대결은
틀림없이 잘될 거야!
찾고 있던 게
네 잎 클로버였구나.
대결의 행운을 위해서?
야호~!!

대결에 늦지 않으려면
난 지금 가야 돼.
초롱아, 나중에 봐!
응!
오늘 대결
잘해!

내가……,

하아~
지켜보고 있을게,
우주야…….

너 말이야.
초롱아, 마침 내가
시간이 있으니까
함께 대회장에
가 줄까?
스윽

크르릉..
이제 됐으니까 좀
사라져 줄래?
너 때문에 우주와의
소중한 시간을
망쳤다고!
흣。。
역시 넌 유치원 때랑
달라진 게 하나도 없어.
화내는 모습도
정말 그때랑 똑같아.
역시……,
내 발차기
맛을 봐야
사라지겠군!
초롱아,
잠깐!
윽!
휘이이이익
퍽
얍!

휘~
휘~
개인연습실
이제 눈 떠도 돼?
응.
…….

곧 새벽초 대결 시작인데, 정말 안 가도 괜찮아?

스륵
…….

난……,
방해만 되니까.
나 때문에
두 번이나 같은 학교와
대결하게 됐어.
이번에는 방해되고
싶지 않아…….
…….
그렇다면 좋아,
내 실험을 도와줘.
달각
으, 응.
척
이 물속에 뭐가
녹아 있는지
알겠어?
그냥 봐서는
잘 모르겠어.
그냥 물 같은데?

그래,
아무것도 들어 있지 않은
물인지도 모르지.
하지만 이것은
무언가가 녹아 있는
용액이야.
1번 설탕, 2번 소금,
3번 요오드화납,
4번 탄산칼슘.
이 중에 몇 번일까?
…….

음…….
음…….

힌트가 있어.
시간이 지나면
물속에 녹은 것이
저절로
나타날 거야.

곰곰…
시간이 지나면
저절로?

* **용해도** 일정한 온도에서 일정한 양의 용매에 녹을 수 있는 용질의 최대 양.
* **과포화** 용액이 어떤 온도에서 용해도 이상의 용질을 함유하고 있는 상태.

이 물속의 물질을
알아내는 방법은,
벌떡

철컥
물의 온도를
낮추는 것!

척…
자그락

자라락

척

얼음을 담은
통에 비커를
두어 온도를
낮추면……
……
반짝

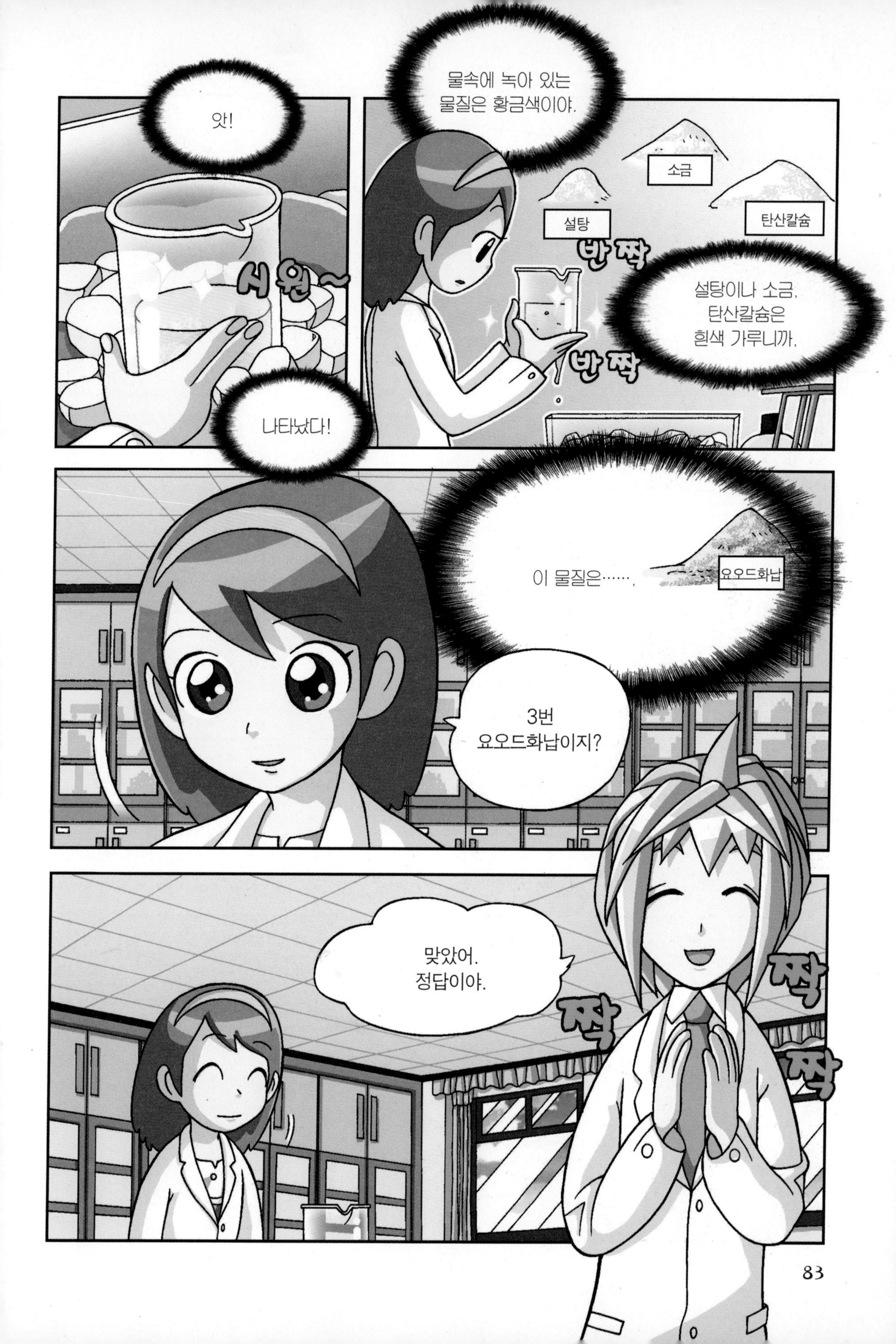
물속에 녹아 있는
물질은 황금색이야.
앗!
서원~
소금
설탕
탄산칼슘
반짝
설탕이나 소금,
탄산칼슘은
흰색 가루니까.
반짝
나타났다!
이 물질은……,
요오드화납
3번
요오드화납이지?
맞았어.
정답이야.
짝
짝
짝

내 제자들 중 가장
기록이 좋은걸?
덕분에 내 실험도
성공했고.
척

에릭의 실험?

좋은 스승이
되기 위해서 말이야.
응. 실험에
대한 학생들의
반응과 실험을
풀어내는 과정을
관찰하고 있어.
와……, 이런
연구까지 하다니!
정말 대단해.

이런 건
아무것도
아니야.
착

진짜 대단한 건,
그 실험에
빠지는 거지.
화르륵

스윽..
물속에 완전히 녹아서 보이지 않는
이 요오드화납처럼.
스르륵
끄덕
하나가 되는 거 말이야.
응, 어떤 실험들은 정신을 차릴 수 없을 만큼 빠져들게 해.
특히 에릭의 실험은 많은 학생들에게 아주 용해도가 좋잖아?
…….
그래도 지구상에서 가장 용해도가 좋은 물질에 비하면 난 멀었어.
응?
달칵
가장 많은 종류의 물질을 녹일 수 있는 최고의 용매!
요오드화납도, 설탕도, 소금도, 모두 녹이는 물질.

가장 많은 물질을
녹이는 거라면……,
물?
소금
그래. 물은 분자 구조가 가지는
특징 때문에 다른 물질과
잘 결합하지.
소금
물
Cl
Cl
Cl
Cl
위이잉
그래서 우리는
빨래를 할 때
물을 사용하고,
DRUM
세제도
녹고,
옷의 때도
물에 녹음
쏴아아
비가 오면
공기가 맑아지는 거야.
오염된 공기가
빗물에 녹아
떨어짐
또, 물은 우리 몸의
약 65%를 차지하며
양분을 전해 주지.
영양분을 녹여 몸의
구석구석에 배달
물

아, 정말!
그래서 물이 소중한 거구나.

그래서……,
물은 나에게 무언가를 떠오르게 해.
그게 뭔데?

그건 사람마다 다 달라. 란이 너도 무언가 떠오르는 게 있을 거야.
물의 특징을 생각해 봐.
물은 항상 네 주위에 있어. 공기 중에도 소량이 있으니까.
환경에 따라 형태가 달라지고 담는 그릇에 따라 모양이 변하지만……,
본래의 성질은 변하지 않아.
또, 많은 물질과 잘 결합해 녹이는 능력을 갖고 있지.

란이야!
란이야, 여기야!
이런 물 분자의 특징은 서로를 당기는 힘이 매우 강하다는 거야.
내 주위에 항상 있고,
…….
많은 능력을 가지고,
그러면서도 본래의 성질은 변하지 않는…….
나의 소중한 실험반!
어때?
……!
미안해. 에릭, 나…….

역시
가 봐야겠어!
그래.
실험도 끝났으니…….
스윽

후다닥
나중에
봐.
고마워,
에릭!!
탁
그래.
물과 같은
소중한 존재는……,
결코 잊거나
버릴 수 없는 거야.

우리 몸과 물

고대 인류의 문화와 역사가 시작된 세계 4대 문명은 모두 큰 강을 중심으로 발전했습니다. 이것은 사람이 살아가는 데 있어서 물이 그만큼 중요하기 때문입니다. 사람 몸무게의 약 65%가 물로 이루어져 있다는 사실에서도 물의 중요성을 알 수 있습니다. 우리 몸은 항상 같은 양의 물을 체내에 유지하는데, 보통 하루에 2.7L의 물을 받아들이고 내보면서, 영양을 운반하고 체온을 조절하며 노폐물을 내보내는 등의 중요한 활동을 합니다.

갈증 해소

물은 산소와 함께 인간 생존의 가장 중요한 요소로, 사람은 체내의 물이 1~2%만 부족해도 갈증과 괴로움을 느끼고, 5%가 부족할 경우 혼수상태에 빠지며, 12%가 부족하면 목숨을 유지하기 어렵습니다. 그래서 사람은 음식을 먹지 않고는 한 달 넘게 버틸 수 있지만, 물을 마시지 못하면 약 1주일 정도밖에 견디지 못합니다.

혈액의 구성

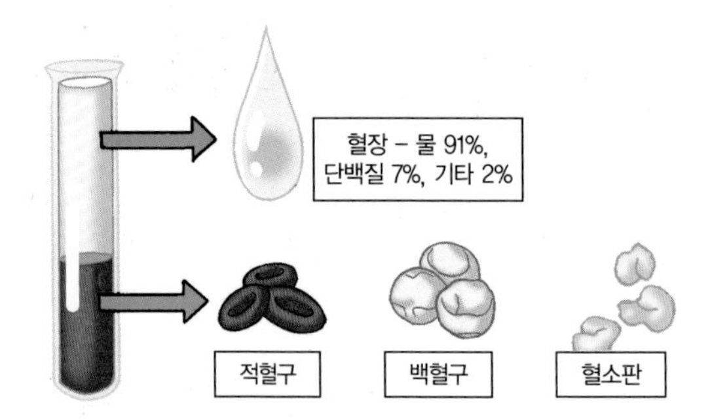

혈액은 우리 몸 구석구석을 흐르면서 영양분을 녹여 각 세포에 공급하고, 노폐물을 신장으로 운반하며, 각종 호르몬을 전달합니다. 혈액이 이러한 일을 할 수 있는 것은 혈액의 반 이상을 차지하는 물이 영양분, 노폐물, 호르몬 등을 녹이는 용매 역할을 하기 때문입니다.

TIP 생물과 물

다른 생물들이 살아가는 데에도 물은 필수적인 요소이며, 생물을 구성하는 성분에서 물이 차지하는 비율 역시 큽니다. 사람과 생태가 비슷한 포유류는 몸속 물의 비율이 사람과 거의 비슷한 편이며, 코끼리 70%, 닭 74%, 개구리 78%, 해파리 95% 등으로 생활 환경에 따라 차이가 납니다. 무엇보다 물이 차지하는 비율이 높은 생명체는 식물입니다. 식물은 뿌리를 이용해 땅속의 물을 빨아들여 기본적인 생명 활동을 하기 때문입니다. 바나나는 75%, 토마토는 94%, 수박은 97%가 물로 이루어져 있습니다.

코끼리 70%

닭 74%

개구리 78%

해파리 95%

바나나 75%

토마토 94%

수박 97%

체온 조절

사람의 체온은 항상 36.5℃ 정도를 유지하고 있습니다. 체온이 너무 오르면 몸속에 있는 단백질의 성질이 변하여 다른 물질이 되어 버리기 때문에, 단백질로 이루어진 효소나 호르몬 활동에 이상이 생기게 됩니다. 이런 이유로 우리 몸은 체온이 올라가면 열을 외부로 내보내려는 활동을 합니다. 바로 땀을 흘리는 것을 통해서인데, 땀은 99%가 물이고 나머지는 소금입니다. 물은 수증기로 변하면서 주변의 열을 빼앗아 가고, 피부에서 증발되면서 몸의 열을 빼앗아 몸을 식히는 것입니다.

노폐물과 물

노폐물을 싣고 온 혈액은 신장에서 혈액 속의 큰 물질을 걸러 내고, 다시 작은 물질을 거르는 여과 과정과 필요한 물질이 다시 흡수되는 재흡수 과정을 거치게 됩니다. 그리고 마지막까지 남은 필요 없는 노폐물들은 물과 함께 몸 밖으로 나오게 되는데, 이것이 바로 오줌입니다. 이러한 과정을 거쳐 나온 오줌의 색깔이나 상태를 보고 우리 몸의 건강 상태를 파악하기도 하는데, 고대 이집트에서는 오줌에서 단 맛이 나는 것으로 당뇨병의 증세를 파악하기도 했습니다.

제4화

대결, 물의 힘

50
500
100

주방세제
후춧가루

웅성
웅성
대기실A
10분 후면
대결이 시작된다.
다들
준비는 됐니?
네.
끄덕
무, 물론이죠!
힐끗

휴우..

란이는……,
움찔

오늘 혼자 연습하겠다고 했으니,
대회장엔 안 나올 게다.

란이를 두고 우리끼리 대결해야 하다니…….
꾹..

출전 정지가 한 번뿐이라 다행이지?
한 번이라도 충격이 클 거야.
란이가 얼마나 마음이 여리고 섬세하다고.

그런 걱정이라면 할 필요 없어.
무슨 소리야?!

예선에서의
일이라면…….
그 녀석은
우리보다
훨씬 강해.
예선에서의 일과
축제의 공연,
생각 안 나?
란이가 자기 실수 때문에
졌다고 생각했던
지역 결승 말이지?
맞아!
탁
그래! 그때
우리는 실험반이
해체되는 줄 알고
풀 죽어 있었는데…….
란이는,
실험반이
이대로 없어지는 건
싫잖아. 축제에서 멋진
공연을 보여 준다면,
교장 선생님께서도
실험반을 없애지
않으실지도 몰라.
오히려 우리를
일으켜 세워 줬어!
끄덕..
훗..

철컥
대기실A

하아
하아
라, 란이야!
다, 다행이야! 늦지 않아서…….
올 줄 알았어!

늦어서 미안해…….
꼭……,
이번 대결에서 이겨 줘.
소중한 친구들, 그리고 실험.

나도……,
2차 대결에는
꼭 함께 나가고 싶어.
란이야…….
끄 덕
●●●
부탁해!
문제없어!
예~
당연하지~,
걱정 마!
와~
새벽초등학교!
입장 준비해
주세요.
척 척
서 끌
서 끌

자, 이제 시작해 볼까?
네!!
관중석에서
지켜볼게.

멈 칫
아……,
참!

저……, 란이야!
훽
응?

척
책
잘 봤어!
식물도감

너, 너도 꼭
다시 읽어 봐!
좋은 책이더라!!
후다닥
그, 그래.

빨리 와!
기다려~
타타타
나도 이곳에서
함께 실험을
할 테니까…….
서끌
서끌

모두들 힘내.
털썩
물도감
응?

물도감

이건…….
부스럭

란이야!
원래 세 잎인 클로버의 잎이
네 개가 되는 건
생장점에 생긴 상처 때문이래.
그래서 네 잎 클로버는
사람들이 자주 다니는 길가 같은
곳에서 많이 발견된다는 거야.
꾸욱
뒤적
뒤적

네 잎이 행운의 상징인 건
이런 상처와 고난을
극복하고 생겨났기
때문이래. 그러니까…….
찡。。
네?
찾았다!
란이 넌 우리의
네 잎 클로버야.
우주가
아……!
우주야!
고마워!
바다초등학교와
새벽초등학교 실험반이
들어오고 있습니다!
걱정 마라, 란이야!
네가 없는 자리를 메우기 위해,
다들 더 힘을 낼 게다.

어떻게 여기까지
왔는데, 지겠니?!
질끈
깜
짝
아……,
교장 선생님.

지당하십니다.
새벽초 불패 신화 창조!!
아자아자 파이팅!
질끈

음! 초롱이도
왔구나.
네…….
꾸벅
아, 아니!
잠깐!!
네가 여기
있으면 안 되지!!
태권도 대회는
어쩌고……?!

실험 대회만큼이나
태권도 대회도
중요하다는 걸 몰라?
어찌된 것이냐!
그게
실은…….

예선 1차 재대결을
시작하겠습니다.

오오오
까악
새벽초
파이팅!!
절대 무패!
새벽초!!

새벽초
실험반은
영원하다~!
오오오
꺄아악
아.
란이다!

다행이다!
웃고 있어!
히히

우주야…….
스윽

……?

네. 재대결로
다시 만나게 된
바다초등학교와
새벽초등학교
실험반입니다.
웅성
웅성
웅성
그렇습니다.
지난 대회 중 소동에서 새벽초는
부정행위 혐의가 없는 것으로 드러났지만,
만약을 위해 재대결이 결정됐습니다.
그리고 대회의 대결 주제도
모두 바뀌었다고 합니다.

새벽초등학교의 학생 한 명은 1회 출전 정지 처분을 받아서,
새벽초는 이번 대결에 세 명만 참가합니다.
네, 그럼 이번 대결 주제도 새롭게 정해졌겠군요.
그렇습니다! 재대결 자체가 계획에 없었으니까요.
하하
채점의 공정성을 위해 감독님도 모두 바뀌었습니다.
대결과 채점 방식은 이전과 동일합니다.
중앙에 실험 준비물이 있으며, 각각 세 부문에서 두 부감독의 점수를 모아 평균을 낸 뒤, 주감독의 점수와 합하여 총 60점 만점으로 계산합니다.

이번 대결의 주제는……,

좌악
'물의 힘' 입니다.

좋아!
이번에도 빨리 주제를 정해서 준비물을 몰아오자.
그래! 물과 관계된 실험이라면 얼마든지 있어.
그러면……,

무슨 실험을 할까?
반디야!
둥··

물의 힘이라…….
물이 움직이면서 만드는 에너지 말고, 물 자체가 가지는 힘으로 하는 실험이 좋겠어.
쏴아아
물의 힘이라면, 어느 분야의 실험이 될까요?
물은 물리, 화학, 생물, 지구 과학의 모든 분야에서 중요하게 다루는 물질인 만큼,
그에 관련된 실험도 셀 수 없이 많겠지요. 하지만 물이 가진 힘이라면, 글쎄요…….
부력이야!
뭐?
부력?
촤아아

그래. 부력은 물 자체에서 물체에 작용하는 중력에 반대되는 힘이야. 물체를 *유체에 넣었을 때
부력의 크기는 물체의 부피와 같은 양의 유체에 작용하는 중력의 크기와 같아.
중력
중력
물체
부력
이것을 아르키메데스의 원리라고도 하는데…….
*유체 기체와 액체를 아울러 이르는 말.
아르키메데스라면 나도 알아!
목욕하다가 벌거벗은 채로 동네를 뛰어다닌 과학자, 맞지?!
유레카
그것만 기억하냐? 왜 뛰어다녔느냐가 중요한 거지.
그, 그건…….
아르키메데스
척
왕관이 순금으로 만들어진 것인지를 조사하던 아르키메데스는 자신이 들어갔던 욕조의 물이 넘치는 것을 보고,
출렁
부력이다!!
넘치는 물은 무게가 아니라 부피로 결정된다는 것을 깨달은 거야.
순금 10kg
금+은 10kg
은은 금보다 밀도가 작기 때문에 같은 질량의 금보다 그 부피가 크거든. 만약 왕관에 은이 섞여 있다면 부피가 더 클 수밖에 없지.

밀도…….
종이가 왜 물에 뜨는지 말해 볼래?
밀도가 뭔지 알아?

으으으으~
물질의 단위 부피만큼의 질량!
이제 나도 안다고…….

배가 물에 뜨는 것, 수영을 하거나 낚시하는 것에도 모두 부력이 작용하니까.
물의 힘에 대한 좋은 실험이 될 거야.

그런데 부력 실험으로
할 만한 게 있어?

영재원에서 했던 괜찮은 게 있어. 서로 다른 동전을 고무찰흙에 감춘 뒤, 부력을 이용해 안에 든 동전을 알아맞히는 거야.

영재원에서 했던 실험인데,
어련하겠어?
와!
그거
재밌겠다!
당연히 점수도
잘 받겠지!
흥

바다초가 벌써
움직이고 있어.
우리도 어서
준비물을
가져오자!
뭐가 필요해?
일단
양팔 저울,
고무찰흙,
비커 세 개랑
물…….
척
척
툭
용수철 저울
세 개.

어……?!
저, 저기 좀 봐!
?

바다초 녀석들이
네가 말한 준비물을
그대로 가져가고 있어!
둥
..!!

영재원에서
같은 실험을
했으니, 똑같이
생각한 거야!
그래…….
어, 어떡하지?
더 늦기 전에,
우리도 얼른
가져올까?
그건 안 돼!
같은 실험을,
그것도 더 늦게
시작하면, 또 의심
받을지도 몰라!
다른 실험을
해야 해!
뭐가
좋을까?

저 녀석, 또 혼자 고민하고 있어!
우린 아무 도움도 안 되고 있다고!
곰곰‥
원소가 없어도 새벽초 실험반이 존재할까?
치잇! 결국 허홍 녀석 말이 맞는 거야! 난 밀도도 모르고, 분자 구조나 표면 장력 같은 것도 모르는…….
범우주, 밀도가 뭐지? 분자 구조의 특징은?
번쩍
아, 그래!

강원소! 부력이 물의 힘이라면, 표면 장력도 물이 갖는 힘 아냐?
표면 장력?

그렇지?
부력은 밀어내고
표면 장력은 서로 당기고!

음…….
부력은 물이 중력에 반해 물체를 밀어 올리는 힘이고,
표면 장력은 표면을 작게 만들기 위해 표면의 물 분자가 서로 당기는 힘이니까, 그렇게 볼 수도 있어.
그렇구나!

그런데 부력은 눈에 보이는 예가 있지만,
둥근 형태를 이루는 것 말고 표면 장력으로 뭔가를 보여 줄 수 있을까?
글쎄…….
끙‥
아무래도 없…….
하아~
있어!
표면 장력을 이용해서
물질을 움직이게 하는 실험이 있어.
속닥속닥
!
숙덕 숙덕
후다닥
새벽초등학교도 준비물을 가져오기 시작했습니다.
세 명이서 실험을 진행하는 건, 축구에서 한 선수가 퇴장당해 11대 10으로 대결하는 느낌이겠지요?

11대 10이라니오!
비율로 따지면, 거의 11대 8로 대결하는 것만큼
불리하다고 할 수 있습니다.
성냥이 없어.
가져
올게.
후다닥
이거면
될까?
낑낑
그렇군요.
그래서인지
새벽초의
움직임이
바다초에 비해
분주하네요.
얘들아…….
꺄~

아! 말씀 드린 순간,
바다초등학교의
실험이
시작됐습니다.
두둥
네!
기대되는군요.

웅성 웅성
앗! 정반디 학생이 돌아선 채 눈을 감고 있습니다.
스윽
스윽
척
꾸욱..
꾹
푹..
다른 세 학생은 각각 서로 다른 동전을 집어서,
각자 다른 색깔의 찰흙 덩어리 속으로 밀어 넣고 있습니다.
이 과정을 정반디 학생은 보지 않고 있고요.
휙
아! 이제 몸을 돌립니다.

세 개의 찰흙 덩어리를
모두 정반디 학생에게
건네는데요?
그렇군요!!
척
척
척
어느 찰흙 덩어리에
어떤 동전이
들어 있는지
맞히는 과정을
실험으로 보여 주려는 것
같습니다.
척..
네, 양팔 저울 위에
찰흙 두 덩이를 올려놓고 있습니다.
양팔 저울을 이용해
고무찰흙 하나를
기준으로
나머지 두 개를
서로 떼거나 덧붙여
무게를 조절해,
세 덩이 모두
같은 무게로
만들고 있군요.
끼익..
뚝..
둥..

이제 세 덩이 모두
무게가 똑같아졌습니다.
어떤 방법으로
숨겨진 동전의 종류를
알아낼까요?

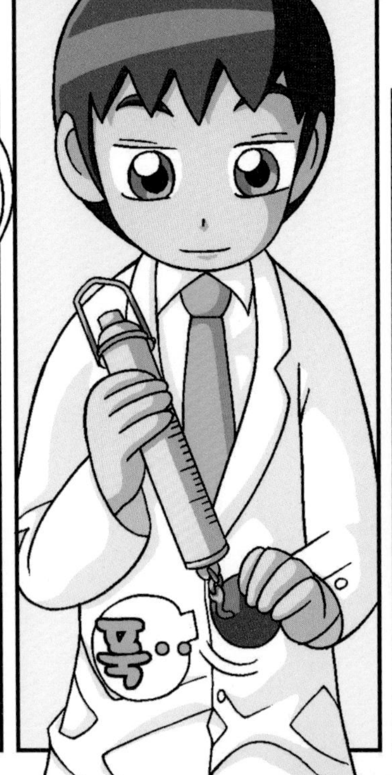
푹…

바로
부력이지요!

오~, 부력이라면
물의 힘이라는 주제에
아주 잘 들어맞는군요!
그렇습니다. 물체가
중력에 반하여 물 위로
뜨려는 힘이니까요.

척 척

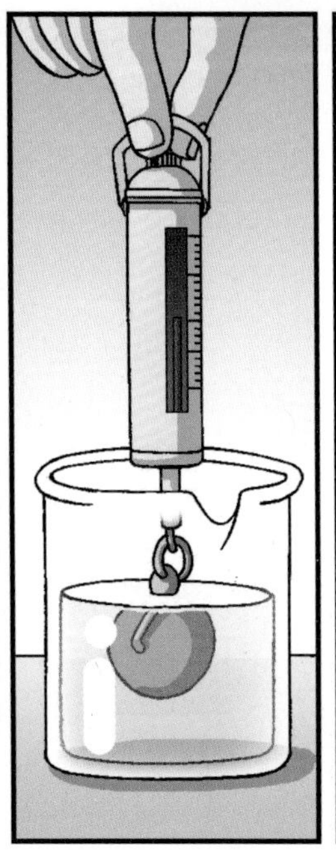

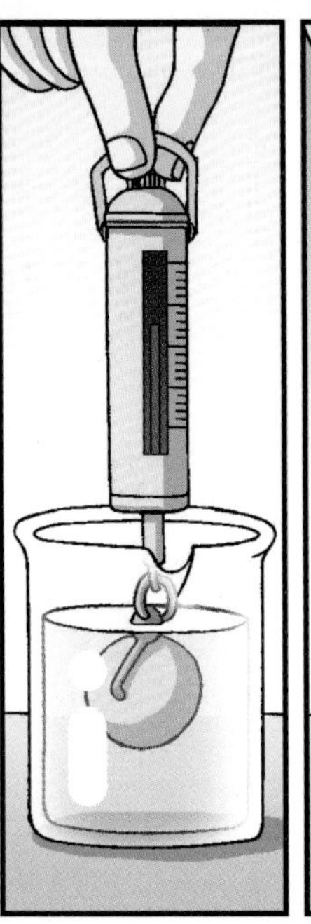

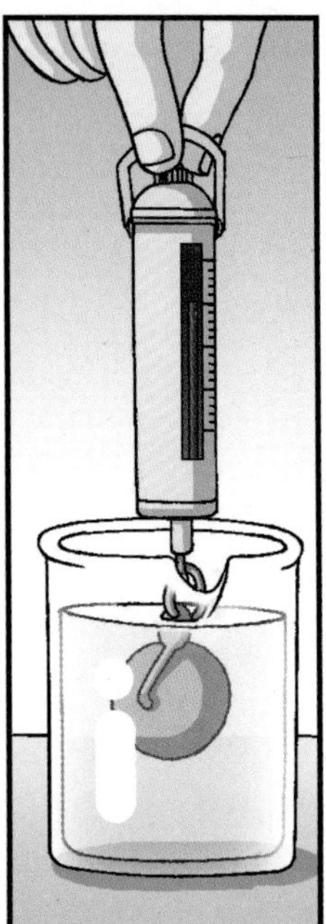

아! 무게가 같은 찰흙 덩어리를
같은 양의 물에 넣었는데, 수면의
높이가 각각 달라졌습니다.
게다가 무게도 모두 달라졌어요.
부력은 물체의 부피에 따라 달라지니까,
수면의 높이 차이로 찰흙 덩어리와 동전의
부력을 알 수 있는 거죠?
네,
바로 그겁니다.
질량을 부피로
나눈 값이 밀도인데,
동전
100g 부피
고무찰흙
100g 부피
밀도에 따라
같은 무게의 물체라도
그 부피가 달라지거든요.
같은 무게일 때는 밀도가 클수록
부피가 작아집니다.
철이 가장 많이 들어간
500원짜리 동전이 있는
고무찰흙의 부피가
제일 작고,
고무찰흙의 밀도는
동전의 재료인 철의 밀도보다
훨씬 낮기 때문에,
50원짜리 동전이 들어 있는
고무찰흙의 부피가
가장 크다…….
빠직..
그래서……,

그게
어쨌다는
거야?
빠드득

그래서 50원이 든 것과
500원이 든 것의 차이가 뭡니까?
물속에서 뭐가 더 무겁나요?
움찔

콜록 콜록
뭐, 뭐라고?
잘 안
들리는구나~.

너, 실험반이지?
빤~히
움찔

그러니까……, 아마 무거운 쪽에
500원이 들어 있을 거야.
스윽..
왜?

그건
부력 때문인데……,
부력은 부피에 따라
크기가 달라지니까…….
그게 뭐야?
부력이라는 건
제멋대로군.
스윽..
맞아!
부력은 변덕쟁이야.

음산..
물체가 들어 있는 유체가 물이냐, 소금물이냐, 수은이냐에 따라
같은 물체를 밀어 올리는 부력이 전부 다르거든.
물
소금물
수은
두둥
안녕?
으악!
언제부터 있었던 거냐?
시작할 때부터 옆에 있었는데,
내가 공기 같은 존재라 몰랐구나?
불끈
꺼지라고 말했……!
저기……,
끄덕 끄덕
그러니까 물속에서 가장 무거운 덩어리에 500원이 들어 있는 거지?
벌떡..
끄덕
훗.

알고 싶습니까?
스윽
바다초등학교의 실험은 물이 가지고 있는 힘인 부력!
그 부력의 크기가 물질의 부피에 따라 달라지며, 중력과 반대로 작용한다는 것을 보여 주는 흥미진진한 실험입니다.
오싹…
써억..
설명해 드리죠!
첫 번째, 부력은 물이 물체를 위로 밀어 올리는 힘입니다!
부력
두 번째, 부력의 크기입니다. 물체가 밀어낸 물, 그 물의 무게와 같은 크기가 부력의 크기입니다.
따라서 물이 많이 올라간 쪽이 부력이 큰 것입니다.
세 번째, 이 부력의 크기는 부피에 비례합니다. 부피가 클수록 부력이 커지지요.

네 번째, 고무찰흙과 철의 밀도입니다. 같은 질량일 때 고무찰흙은 밀도가 낮아 부피가 큽니다.
반대로 동전은 밀도가 높아 부피가 작지요.
즉, 찰흙 덩어리의 질량을 모두 같게 해도, 부피는 밀도에 따라 각각 다르며,
세 동전 중 철이 가장 적게 들어간 50원이 든 찰흙 덩어리의 부피가 가장 큽니다.
종합해 보면, 50원이 든 찰흙의 부피가 가장 크기 때문에 부력도 크고,
물에 넣었을 때 물이 가장 높게 올라가는 것이죠.
처억
여기서 잠깐!
후후후…
단순히 물 높이가 달라진 것으로 동전의 정체를 알아낼 수 있는데, 왜 물속에서 무게까지 잰 것일까?!
거기에는 이 실험의 수준을 한 단계 끌어올리려는 의도가 숨어 있습니다.
스윽
그렇군!
흥! 비겁하게…….

스윽
중력
부력
부력
부력은 중력에 반대되는 힘입니다.
중력은 아래로 잡아당기고,
부력은 위로 밀어 올리지요.
100g
16.8g
지구 중력1
달 중력1/6
물체의 무게는 중력의 크기에 따라 달라지는 것입니다.
부력이 클수록 중력이 약해지므로 물속에서 물체의 무게는……,
가벼워진다!

아깐 안 들린다고 하셨잖아요.
500원이 든 것이 가장 무겁고!
옳거니! 그러니까 부피가 커서 부력을 가장 많이 받는
50원이 든 고무찰흙이 물속에서 가장 가벼운 거로구나!

그랬구나……, 꽤 어려운 실험이었어.
스윽..
네. 그리고 깔끔하게 성공했습니다.

모든 실험에는 허점이 있기 마련이지만…….
새벽초등학교의 실험이 어떻게 되느냐에 따라, 승부가 결정되겠죠.

웅성
……
웅성
웅성
실험이 빨리 끝난 바다초등학교는 벌써 보고서 작성을 시작했군요.
쓱 쓱
네, 보고서에서도 높은 점수를 받을 수 있을 것 같습니다.
물론 실험에서 활용한 수준 높은 이론들을 잘 정리해야겠죠.
아! 새벽초등학교도 본격적으로 실험을 시작하고 있습니다!
와아아아
두둥

물의 전기 분해

실험 보고서	
실험 주제	물의 전기 분해를 통해, 물 분자는 산소 원자와 수소 원자가 1:2의 비율로 결합한 것임을 확인할 수 있습니다.
준비물	❶ 전기 분해 장치 ❷ 비커 ❸ 집게 달린 전선 ❹ 건전지 ❺ 성냥 ❻ 수산화나트륨 수용액(증류수+수산화나트륨)
실험 예상	물을 전기 분해 하면 +극에는 산소가, -극에는 수소가 1:2의 비율로 모일 것이며, 이는 불씨나 불꽃을 가까이 댔을 때의 반응으로 알아볼 수 있을 것입니다.
주의 사항	❶ 수산화나트륨 수용액은 강한 염기성이라 위험하니, 피부에 직접 닿지 않도록 조심합니다. ❷ 전압이 낮을 경우 실험 결과를 확인하기 어려울 수 있으니, 전압이 높은 건전지를 사용합니다. ❸ 성냥불이나 불씨 등을 기체에 가까이 가져갈 때, 위험할 수 있으므로 얼굴을 멀리 합니다.

실험 방법

❶ 비커에 수산화나트륨 수용액을 담습니다. (만드는 방법 - 수산화나트륨 5.85g에 증류수를 넣고 저어 가며 총량이 100mL가 되도록 채웁니다. 수산화나트륨은 증류수의 이온화를 도와, 전기 분해를 빠르고 쉽게 만들어 줍니다.)

❷ 전기 분해 장치의 H관 위쪽 밸브 두 개를 모두 잠그고, 수산화나트륨 수용액을 깔때기에 천천히 따라 H자 관이 가득 차도록 넣습니다.

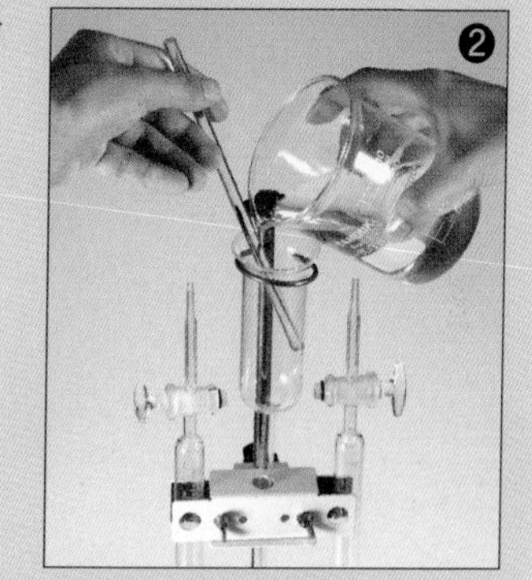

❸ 전기 분해 장치의 H관 한쪽과 건전지의 +극, 다른 한쪽과 건전지의 -극을 집게 달린 전선을 통해 연결한 뒤, 전극을 연결한 H관 내부에서 기포가 일어나며 전기 분해되는 것을 관찰합니다.

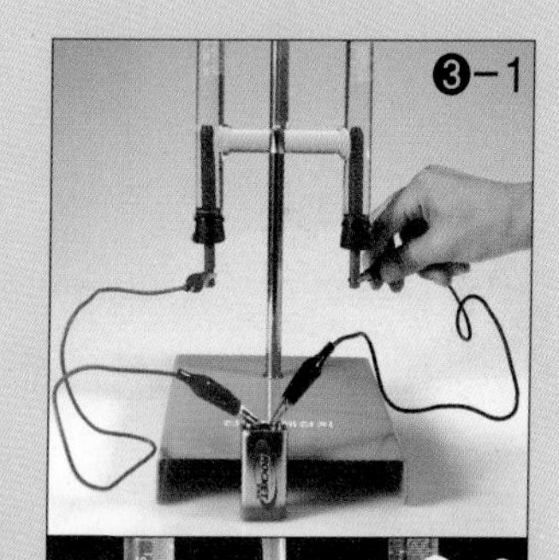

❹ 양쪽의 H관 위쪽에 발생한 기체가 모여 물이 줄어든 부분의 길이를 비교한 후, 각각의 밸브를 열어 성냥불을 가까이 가져가 봅니다.

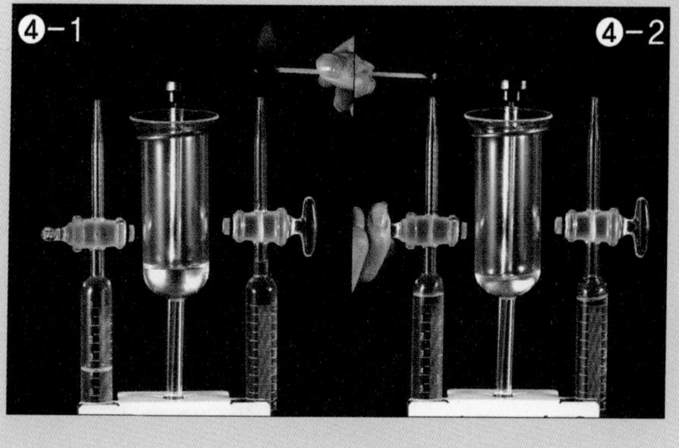

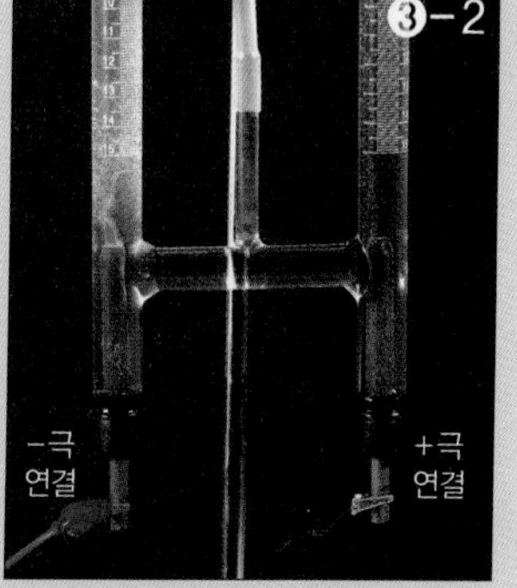

실험 결과

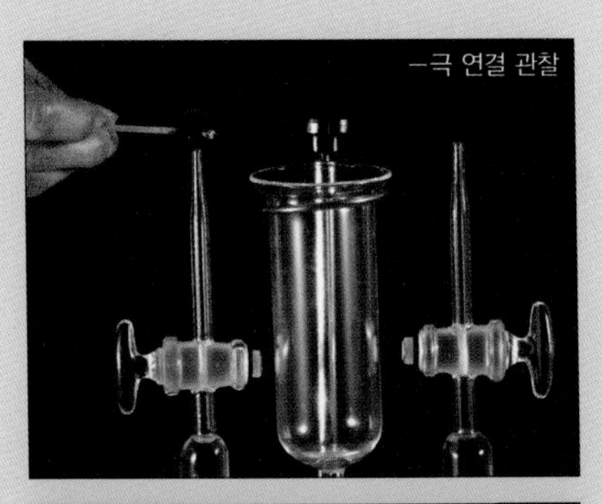

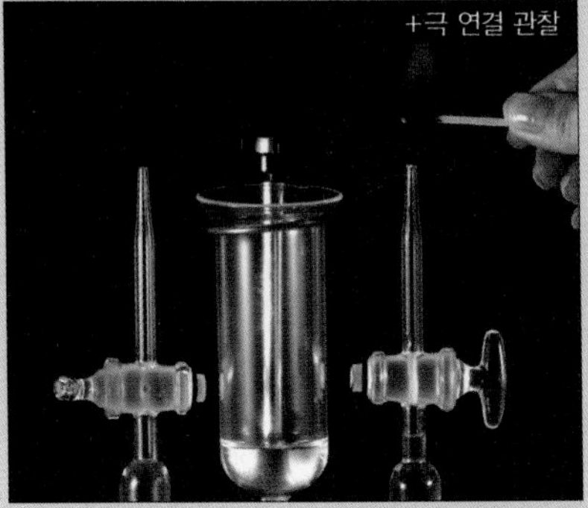

-극을 연결한 H관보다 +극을 연결한 H관의 물 높이가 두 배 정도 높습니다. 이때 -극에서 만들어진 기체에 성냥불을 가까이 하면 펑 하는 소리와 함께 성냥이 타 버리고, +극에서 만들어진 기체에 꺼져 가는 불씨를 가까이 하면 불이 다시 살아납니다.

왜 그럴까요?

순수한 물인 증류수에는 전기가 통하지 않지만, 수산화나트륨같이 전기가 통하는 물질인 전해질을 녹이면 물에 전기를 통하게 할 수 있습니다. 물 분자는 +전기를 가진 수소 원자 두 개와 -전기를 가진 산소 원자 하나가 결합해 만들어졌는데, 전기 분해를 하면 다시 수소 원자와 산소 원자로 분리됩니다. 원자들은 같은 것끼리는 서로 밀어내고 다른 것끼리는 서로 끌어당기는 성질을 가지고 있습니다. 그래서 -극을 연결한 관에는 +전기를 가진 수소가 모이고, +극을 연결한 관에는 -전기를 가진 산소가 모여서 그 기체의 양만큼 물의 높이가 줄어들게 됩니다. H관 속에 모인 기체의 양을 비교해 보면, 물 분자의 결합 비율과 같이 수소의 양이 산소보다 두 배 많습니다. 수소 기체는 불이 붙는 성질을 가지고 있어 성냥불에 펑 터지는 소리를 내며 강하게 반응하고, 산소는 불이 타는 것을 도와주는 성질을 가지고 있어 성냥의 꺼져 가던 불씨를 다시 살리는 것입니다.

G박사의 실험실2

수질 오염의 여러 원인

제5화

혼자 하는 실험, 함께하는 실험

후춧가루

서둘러!
저쪽의 부력 실험이
순식간에 끝났어!
우리도 실험하고
보고서 쓰려면
시간이 부족해.
웅성
웅성
웅성
그래. 세 명이서
진행하려니 자꾸
늦어지는 것 같아.
웅성
…….
17:01
재깍
18:07
재깍
재깍
20:
재깍
지만아,
실험을 진행하면서 같이
보고서를 쓰도록 해.
우주 넌,
두 번째 실험을
준비하고 있다가
바로 진행하고.
지금부터?
뭐? 내가
진행을?!

할 수 있어.
…….
시간이
없다!

안 그래?
지금은
이 방법뿐!
……!

그래,
한번 해 보자!
끄덕
당연하지!
불끈!

먼저, 준비물은
수조 두 개와 물, 성냥개비 두 개,
후춧가루와 주방 세제! 맞지?
수조
수조
성냥개비
주방세제
주방 세제
후춧가루
후춧가루

수조에 같은 양의
물을 넣고,
그 위에
후춧가루를 뿌려서
똑같은 조건을
만들어.
스스슥
스슥
그리고 성냥개비 중
하나는 그대로 두고,
나머지 하나는 꼬리에
주방 세제를 발라.
주방 세제
똑
똑..

그리고 이 성냥개비를 각각 수조 위에 놓는다면,
어떤 일이 일어날지 예상해 봐.
자, 범우주!
종이가 왜
물에 뜨는지
말해 볼래?
일단 아무것도
바르지 않은
성냥개비는 물에
둥둥 뜰 거야.
성냥이
물보다 밀도가
낮으니까.
밀도 차이
표면
장력
부력
맞아. 후춧가루나 성냥개비가
물에 뜨는 건,
밀도의 차이와
부력, 그리고
표면 장력 때문이야.
세제 묻힌
성냥개비
성냥개비

주방 세제는
밀도나 부력이 아닌
표면 장력에 변화를 주지.
주방세제
밀도는 물질
자체의 특징이라
잘 변하지 않고,
부력은 부피에
작용하니까.
그러니까 주방 세제가
표면 장력에 어떤 영향을
미칠지를 알아야 해.
그, 그렇지.
주방 세제는
설거지할 때
사용하잖아.
거품을 내서
그릇의 기름기를
씻어 내지!
아르바이트 중
반짝
반짝
지지지직
맞아……,
그냥 물에는 기름기가
안 씻기니까.
물
기름기
그릇
그것이 물의
표면 장력 때문이라면……?
주방 세제
기름기
주방 세제가
기름과 물이
섞이도록 하는
거니까…….
쏴아아아
주방 세제는
물의 표면 장력을
약하게 만들어!

물 분자끼리
잡아당기던 힘이
약해져서
기름이 그 사이에
들어갈 수 있게
만드는 거지!

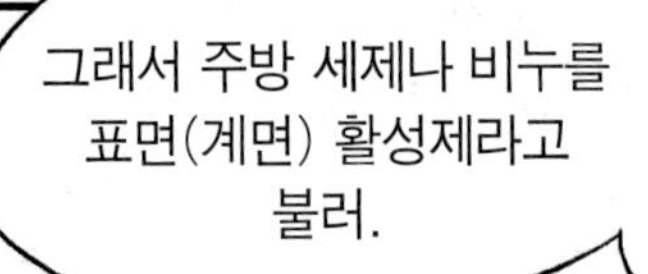

주방 세제의 분자는 물 분자와 결합하여 물의 표면 장력을 약하게 만들어서,
그래서 주방 세제나 비누를 표면(계면) 활성제라고 불러.

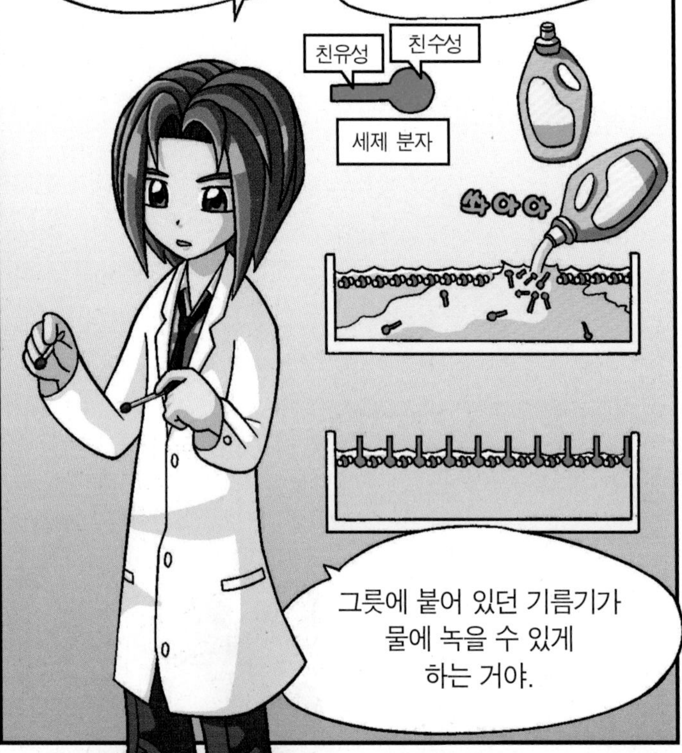

친유성
친수성
세제 분자
쏴아아
그릇에 붙어 있던 기름기가 물에 녹을 수 있게 하는 거야.

스윽
그렇다면……,

그렇다면 성냥개비의 세제가 표면 장력을 약하게 만들어서 성냥과 후춧가루가 가라앉을까?
?
스륵…
잠깐, 성냥이 떠 있는데 밀도와 부력, 표면 장력이 모두 작용한다면,
표면 장력이 사라진다고 물속에 그냥 가라앉지는 않을 거야!
그렇겠군.

새벽초등학교는
시간이 부족해 보이는데도
실험 전 의견 교환이
활발한 모습입니다.
툭
섬세한
실험이오?
그렇지요.
섬세한 실험일수록
더욱 신중하게
진행해야 하니까요
표면 장력은 어디서나
물방울의 동그란 형태를
유지할 정도로 강하지만,
손가락 하나로 깰 수
있기도 하거든요.
그런 섬세한 힘을
놓치지 않으려면
실험반 모두
하나가 되어야겠지요.
아!
강원소 학생이
두 성냥개비를
조심스럽게 들어
물 위에 놓으려고
합니다.
징~
스윽

잘 봐…….
스윽
스윽
아무것도 바르지 않은
성냥은 예상대로
그 자리에 그대로 떠 있어!
하지만 세제를 바른
성냥은…….

조용
후춧가루
앞으로 움직였어! 성냥 꼬리 쪽 물 위의 후춧가루는 순식간에 주변으로 흩어졌고!!
꼬덕

성냥개비 꼬리에 있던 주방 세제가 표면 장력을 약하게 하면 물 분자들의 잡아당기는 힘이 약해지고,
성냥개비 앞쪽은 끌어당기는 표면 장력이 그대로 작용해서 움직이게 된 거야.

표면 활성
표면 장력
그러니까 세제가 없는 머리 쪽에서 더 세게 잡아당겨 이런 결과가 나오는 거군!

그래. 알 것 같아!
보고서는 잘 따라오고 있지?

물론이야! 실험 방법에서 결론까지,
다 정리했어.

자, 그럼!
응!
끄덕
끄덕

이렇게 새벽초등학교의 표면 장력 실험도 끝났습니다.
남은 시간 동안 보고서 작성을 빨리 마쳐야겠네요.

하아..
표면 장력이란 건……,

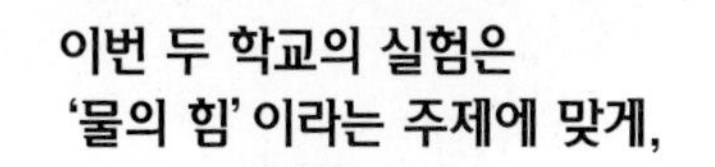
이번 두 학교의 실험은
'물의 힘' 이라는 주제에 맞게,

부력과 표면 장력의 대결로 진행됐습니다.
두 학교 모두 물의 특징을 잘 알고 있군요.

부력보다 약한 건가?
응?
끙...

얼핏 봐서는 새벽초등학교의 표면 장력 실험이 너무 간단해 보였는데요.
혹시 불리하게 작용하지는 않을까요?

태권도처럼 말이야! 표면 장력과 부력이 싸우면 누가 이기냐는 거지. 누가 더 세냐고!

결과가 나와 봐야 알겠지만,
아무래도…….
시, 실험 대결은 태권도 시합과 다를 거야.
그러니까……,

초롱이는 부력과 표면 장력의 과학적 에너지의 양을 따지고 있는 것이 아닙니다.
그것은 목적이나 이용 방법에 따라 얼마든지 달라질 수 있으니까요.
스윽

초롱이가 궁금한 것은,
어떤 실험이 점수를 많이 받아 승리할 것인가!
흠칫
척

대답이나 해…….
움찔
그, 그래.
뿌드득

두 실험으로만 봤을 땐,
누가 봐도 부력이 강해.
헉!

바다초는 부력 실험에 이론 응용뿐만 아니라
재미까지 더해서 집중력 있는 실험을 보여 줬어.
하지만 새벽초의 표면 장력 실험은 주제 설명에는 충실했지만, 너무 간단했지.
주방세제
후춧가루
500

아, 저것 봐! 새벽초가…….
벌떡

둥
아!
……!

새벽초등학교의
실험이
아직 끝나지
않았네요.
다른 실험을
시작하고 있어!

글리세린
철사
물
주방 세제
빨대
번쩍

그렇군요. 처음의 실험은
세제가 표면 장력을 깨는 모습을,
스윽

그리고 지금은
표면 장력이
세제에 의해
깨지고도
유지되는 것을
보여 주려는 거네요.
후후..

이제 와서 새로운
실험을 시작해도
괜찮을까요?
무엇보다 실험 시간이
초과될 것 같은데요.
아마……,
괜찮을 겁니다.
씨익…
자, 이것은!
주방 세제 20mL,
물 40mL, 글리세린
10mL를 넣어 섞은
비눗물이야.
주방 세제
글리세린
끄덕
그리고 철사를 구부려,
별 모양, 네모 모양,
세모 모양을 만들었어.
짠~
자, 그럼
지금부터!
두 번째
표면 장력 실험을
진행하겠습니다.
에헴

저, 실험 내용은
어떻게 됩니까?

좋은 질문입니다!
이 철사를 비눗물에
담갔다가 불어서
비눗방울을
만드는
것입니다.
휙
휙

그게……,
전부입니까?
그렇습니다.
한 줄인데?
헤헤

아, 맞다!
표, 표면 장력!
이 실험에는
표면 장력의 힘이
숨어 있어.
탁

자, 잠깐.
첫 번째 실험에서 주방 세제가
물의 표면 장력을 깬다고 했어!
물
주방 세제
그리고 이건
주방 세제로
만든
비눗물이고.
쪼르륵
비눗물

맞아.
그 비눗물은
주방 세제에
의해
표면
장력이
약해졌어.

별 모양 철사로 비눗방울을 만들어 봐.
응!
척
퐁..
표면 장력이 약해졌기 때문에 물의 표면이 늘어나면서
그 안에 공기가 들어갈 수 있게 되지.
후우우우
스으으
둥~실
중요한 건 비눗방울의 모양이야!
아! 별 모양 철사로 만들었는데!
동그란 모양이야.
그게 바로 표면 장력의 힘이야.
같은 부피라고 해도 표면적의 크기는 모양에 따라 다르거든.
표면적의 크기?

도형	사면체	육면체	팔면체	십이면체	구
표면적	721cm²	600cm²	572cm²	530cm²	483cm²

퐁
퐁
퐁..
별 모양으로
만든
비눗방울도,
세모 모양도,
네모 모양도!
모두 표면 장력의
힘으로 동그란
비눗방울을 만든다.
오~
오~
와~

잡았다!
비눗방울의
원리가 바로
저거였구나!
와아아아
난 바다초에
한 표!
난 바다초 실험을
꼭 해 보고 싶은데?
세제 하나로
표면 장력
실험을
두 가지나 했어.
난
새벽초……!
꼬옥
무조건
이기는 거야.
무조건……!
중얼
으으…….
중얼
중얼
새벽초!
운이 좋다고
들었는데,
뭐?!
휙

꼭 그런 것만은
아니군…….
이제 두 학교 모두
보고서를 내고
점수 발표를
기다리고 있습니다.

오늘 실험 역시
막상막하였습니다.
네. 바다초등학교 실험은
이론을 재미있게 응용한
실험이었고,
새벽초등학교는
두 가지 단순한 실험을
하나의 주제로 연결시켜
진행한 아이디어가 좋았습니다.

말씀대로 오늘
실험은 막상막하라서
승패를 결정짓는 것은
실험 내용 점수가
아닐 것 같군요.
아!
지금 점수 발표를
시작합니다!

점수는 주감독님이
발표해 주시겠습니다.
척··

조용
필승 무패

바다초등학교와
새벽초등학교 실험반의
'물의 힘' 실험 대결의
결과를
발표하겠습니다.
두근
두근…

으으으음
우우!
부들부들
먼저 실험 내용
점수입니다.

찰칵
바다초등학교
부심 부심
7 8 7
바다초등학교는 주심 7점, 부심 8점과 7점.
총 14.5!
새벽초등학교는 주심 6점, 부심 7점과 6점을 더해
총 12.5점입니다.
찰칵
평가부문 주심 부심
실험내용 6 7
이럴 수가!
2점이나 차이가 났어!
다음은 실험 태도 점수입니다.
바다초등학교는 주심 6점, 부심 7점과 6점으로
찰칵
바다초등학교
평가부문 주심 부심 부심
실험태도 6 7 6

새벽초등학교는
주심 8점
찰칵
부심 각각 8점과7점으로,
총 15.5점!
총 12.5점!
벽조등학교
심 부심 부심
7 6
8
에..
우, 우리가 1점 앞섰어!!
내 계산 맞지?
맞아!
마지막으로
실험 보고서 점수입니다.
바다초등학교는
주심 6점, 부심 6점과 5점으로
총 11.5점!
바다초등학교
실험 내용 7 8 7
실험 태도 6 7 6
실험 보고서 6 6 5
새벽초등학교
실험 내용 6 7 6
실험 태도 8 8 7
실험 보고서 5 6 6
찰칵..
새벽초등학교는
주심 5점, 부심 6점과
6점으로
총 11점!

각 부문의 점수를 더한 결과,
바다초등학교 38.5점,
새벽초등학교 39점으로,
와아아
새벽초등학교가 2차전에 진출하겠습니다!
와아아

삐끔
삐끔
저, 정말 우리가 이긴 거야?
맞는 거지?!
그래, 바보야! 0.5점 차이로 이겼다고!

꽈악
내가 실감 나게 해 줄게!
으아악! 실감 나, 난다고!
와~
와~
찡~
와~
와~
2차전 진출을 축하드립니다.
와~
고맙습니다.
와~
바, 반디야…….
…….

이길 수
있었는데,
내 실수야.
말도 안 돼!
넌 최고였다고.
실험 태도 점수가
너무 낮게 나왔어!
그래,
심사가 이상해.
아니, 심사는 정확했어!
우리 실험은 한 사람을
위한 실험이었어.
어디에 어떤 동전이
들어 있는지 모르는
한 사람!
네!
나머지 세 사람은
들러리였습니다.
실험 내용이 좋았어도
실험을 진행하는 팀원은 네 명!
만약 저라면
같은 실험이라도
세 명의 눈을 가리고
한 사람이 동전을 넣은 뒤,
세 사람이 힘을 모아
실험하는 쪽을
선택했을 겁니다.

그러나 새벽초등학교는 실험에 참여한 세 학생 모두 실험에서 자기 역할을 찾아 진행했지요.
아싸~
하하하하
또한 세 명이 네 명의 몫을 충분히 해냈습니다.
그러니까,
깊이 생각하지 못하고 서둘렀던 내 실수야.
모두에게 정말 미안해…….
…….
그래! 우리가 미안해. 앞으로 우리가 더 노력할게.
……!
아냐! 여기까지 온 건 모두 네 덕분이잖아!
그래! 네가 없었으면 지역 대회 출전도 어려웠다고!

그래, 반디야.
이번 대결로 우리는
많은 것을 배웠구나!
맞아!
네!
이게 끝이
아니니까요!

모두 고마워…….
이제 마무리할 일만
남았군.
스윽

강원소!

축하해.
이번 대결은
내 실수가 컸어.
겨우 표면 장력이
큰 배도 들어 올리는
부력을 이길 줄
누가 알았겠어?

무슨 소리?!
표면 장력이야말로
진정한 물의 힘이야!
사삭

부력은 우주에서 작용할 수 없어.
우주에선 공기나 물에 중력이 작용하지 않잖아.
아래로 잡아당겨지는 중력이 없으면,
지구가 나를 끌어당기는 힘,
바로 중력이지.
중력
지구
반대 방향으로 힘을 주는 부력 역시 사라지는 거지!
그런데?
그런데?!
넌 TV도 안 보냐? 물은 중력이 없는 우주에서도 동그란 모양으로 떠다니잖아!
둥실~
둥실~
둥실
그러니까 물이 스스로 가지고 있는 진짜 힘은 바로 표면 장력이란 말씀이지!
카카카카
오늘 오전까지만 해도,
부력이야.
뭐?
부력?
부력이나 표면 장력의 개념도 몰랐던 녀석이
우주에서 부력이 작용하지 않는다는 추리를 하고 있어!
안 그러냐?

물이 떨어지면
동그란 모양이
되는데,
아세톤은 옆으로
퍼져 버린다고.
계란처럼
상한 건가?
그동안.
산성과 대리석은
뭔가 반응을
일으킬 거라고
생각했습니다!
일리 있는 말이군,
우주에서 실험 대결을
했다면 말이지.
훗~
성장했구나…….
이건 바로
토끼 똥이라고,
토끼 똥!
변명이냐?
아!
휙
그럼 또 보자,
강원소.
항상 웃는 저 얼굴을 이제
못 본다니, 조금 섭섭한걸.
쩝
너무 서운해
말거라.
새로운 실험반이 또
우릴 기다리고
있으니까.
선생님.

그리고 지금은
너희들을 가장 기다리는
사람을 만나러 가야지?
스윽

얘들아…….
정말 잘했어…….

란이야!
휙
휙

그래! 얘들아,
어서 오너라!

네!
교장 선생님.
우리도 어서
내려가자꾸나!
팔랑
어!
두근!!
우주가
이거…….
응?
이, 이건!
아까 그
네 잎
클로버?!
우주가
우주가
뭘 찾고 있어?
실험을
하는
목적.
찾았다!

아! 큰일 날
뻔했다.
고마워, 초롱아.
척
이 아이를
위한 거였어……?
!!

대기실에
같이 갈 거지?
사사삭
난 좀
바빠서…….
증발
초롱아!
그새 어딜 갔지?
……!

표면 장력 관찰하기

실험 보고서	
실험 주제	세제가 표면 장력에 영향을 미치는 것을 눈으로 확인하며, 표면 장력의 원리와 작용 방향 등을 알 수 있습니다.
준비물	❶ 수조 ❷ 물 ❸ 성냥 ❹ 샬레 ❺ 후춧가루 ❻ 주방 세제
실험 예상	표면 장력의 힘으로 물 위에 뜨는 후춧가루와 성냥은 주방 세제 때문에 물의 표면 장력이 약해지면, 물 위에서 움직임을 보일 것입니다.
주의 사항	❶ 후춧가루를 너무 많이 뿌리면 서로 뭉쳐 결과를 관찰하기 어렵습니다. ❷ 움직임을 관찰하기 좋게 성냥을 수조의 한가운데에 놓습니다.

실험 방법

❶ 수조에 물을 중간 정도 채우고, 표면 가득 후춧가루를 골고루 뿌립니다.

❷ 성냥의 꼬리 부분에 주방 세제를 바릅니다.

❸ 성냥을 조심스럽게 수조의 물 위에 놓습니다.

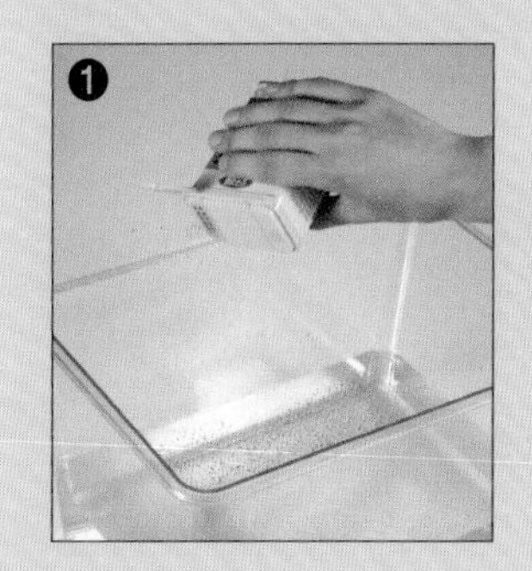
❶

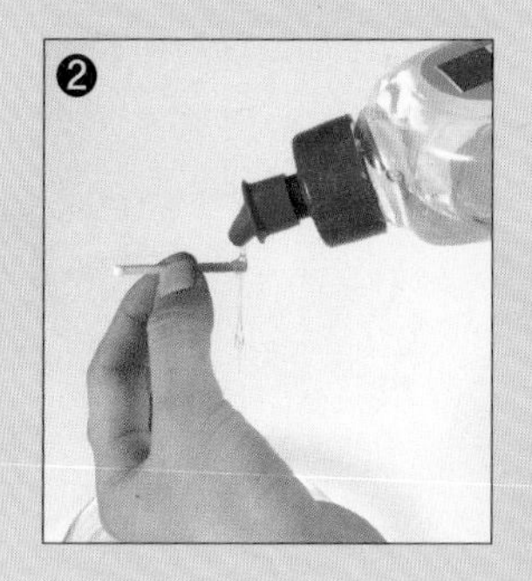
❷

❸

실험 결과

성냥은 머리 쪽을 향해 앞으로 움직이며, 동시에 세제를 바른 꼬리 쪽 물 표면의 후춧가루는 수조 주위로 밀려 나갑니다.

왜 그럴까요?

표면 장력이란 액체가 가능한 작은 면적을 취하기 위해, 액체의 표면을 이루는 분자들이 서로 잡아당겨 생기는 힘을 말합니다. 비눗방울이나 물방울이 동그란 것도 바로 이 표면 장력 때문입니다. 설거지를 할 때 물에 잘 섞이지 않는 기름기가 물에 잘 씻겨 나갈 수 있는 것은, 세제 분자가 물 분자의 결합을 깨서 물의 표면 장력을 약하게 만들기 때문입니다. 성냥 꼬리에 바른 주방 세제는 수조에 담긴 물의 표면 장력을 깨뜨리지만, 나머지 부분에는 여전히 표면 장력이 작용합니다. 그래서 성냥은 표면 장력이 약해지지 않은 방향으로 잡아당겨져 움직이고, 물 위의 후춧가루는 주방 세제에 의해 표면 장력이 약화되어 주변으로 흩어지는 것입니다.

제6화

실험을 하는 이유

야아~, 오래
기다렸지?
하하
모두 이렇게
날 기다려 주다니,
역시 내가 없으면
실험 연습도
안 되는 거야. 하하하.
무슨 화장실에
그렇게 오래 있냐?
하하..
휘청
란이가 옆에 있는데
꼭 그렇게 말해야겠냐?
콱!!

너 화장실
다녀온 거 모르는 사람
아무도 없거든!
헉! 잠깐
다녀올 데가…….
꾸르르륵
쩌렁
쩌렁
끄덕

자, 이제 다 모였으니
연습실로 가 볼까?
네…….
추~욱
저벅
저벅

참, 2차전은
사흘 뒤로
정해졌고,

대결 상대는
대천초등학교란다.

대… 천…….
대천……?
어디서 들어 본 것
같은데…….
사흘 후라…….

그땐,
란이도 함께니까
어느 학교든 문제없어!
응!
음, 메모했던가?

아, 여기……!

대천초등학교
작년 전국 실험 대회 우승팀
주의!!!!!
쿵!

작년 전국 대회 우승 학교를
2차전에서 만나다니……!
이럴 수가!!

그렇다면 우린,
2차전에서 끝나는 건가?
말도
안 돼…….
아아~, 이게 누구신가?
1차전을 꼴찌로 올라온
새벽초등학교 학생들이군.

태양초!!
후후후.
저벽

척…!!

가설 선생님, 엉망진창에
제멋대로인 아이들을 지도하느라
고생이 많으십니다.
훗…
하하..
아니, 태양초 실험반은
그런 고민이 있으신가요?
몰랐습니다.
전 비슷한 경험이 없어서
도움을 못 드리겠군요.

어제 대결을 보니
내 덕이 컸더군.
내가 표면 장력을
가르쳐 주지 않았다면
어쩔 뻔했어?
빠직
빠직
히힛..

뭐, 뭐라고?!
지만아,
잠깐만…….
어?
응…….
스윽

결국,
재대결까지
구걸한 보람이
있었군.
2차전까지
올라가게
되었으니
말이야.

구, 구걸?!
화르
르르르

그 일이라면
너도 잘 알고
있었을 텐데!
모른 척해 줄 때
가만히 있는 게 좋을걸?!
뜨끔
?
증인도 있다고!

무, 무슨 소린지
하나도 모르겠군.
너, 너희는
알겠냐?
으쓱

저런 녀석 말을
어떻게 알아듣겠어?
히힛
그래, 무시해.
자기도
무슨 소린지
모를 거야.

하긴, 자기가
실험을 왜 하고 있는지도
모르는 녀석이니까.
히힛
목적도 없이 실험을
하고 있다니…….
실험을 위해 모두
얼마나 많은
노력을 하는데!
쿠쿠쿠
쿠쿠
뭐라고?!
너 때문에
대회 수준까지
떨어지고 있어!
척
쟤가 뭘
알겠어?
너,
너희들!!
턱
?!

강원소!
왜 자꾸 나만 참으래?
넌 대체
누구 편이야?
스윽
이 지구에서
절대로 사라지지
않는 것이 있어.
뭐……?
사라지지 않는 것?
약 46억 년 전에
탄생하여
지구 표면의
70%를
차지하고 있지.
지구 표면의 70%라면,
바다

물…….
그건 물이야!
바다, 강, 호수, 빙산이나 식물과 동물, 우리 몸속에 있는 물까지!
물은 한 방울도 지구를 떠나지 않아.
식물
호수
지하수
강
쏴아아아
그게 바로 물의 순환!
우리 모두 아주 잘 알고 있지.

후…
안 그래?
씨익
바닷물이 태양 에너지에 의해 증발하면 수증기가 되어 하늘 위로 올라가고,
이 수증기는 식어서 물방울이나 얼음 알갱이가 되어 구름을 만들지.
이 구름 속의 얼음 알갱이가 점점 커지고 무거워지면 비나 눈으로 내리고,
쏴아아아
지글
지글
촤아아아아
후후후
이렇게 내린 비는 땅속으로 스며들거나 호수나 강을 이루어 다시 바다로 흘러가지.
우린 한 사람도 빠지지 않고 이 정도 이론은 기본으로 알고 있어!
그리고 결국 바다에 모인 물이 태양열로 증발되는 과정이 끊임없이 반복되는 게 바로 물의 순환이야.

그럼,
이 물의 순환이
가지고 있는
목적도 잘
알고 있겠군.

물의 순환이 갖는
모, 목적……?
힐끔
움 찔

나, 난 까먹었나 봐!
네가 말해 봐.
그, 그러니까
목적은…….
분명히 봤는데,
뭐였더라……?
끙..
음~

됐어! 그딴 건 시험이나
실험에 절대 안 나올 테니
알 필요도 없다고!
흥!

맞아.
물의 순환에
목적이나
이유 같은 건 없어.

그저 자연의 법칙에 따라
순환하는 거야.
마찬가지로 이 녀석도
왜 실험을 하는지
모를 수 있어.
하지만 물의 순환처럼,
목적을 모른다고
강원소……!
의미까지 없는 건
아니야!
크흑..

얘들아! 어서 가서 연습해야지!
그래! 2차전에서 탈락할 학교와 잡담할 시간은 없다!
쳇…

우리가 실험하는 목적은 분명해!
너희처럼 목표 없는 실험반과는 다르다고!
척
척

아하하하하

강… 원소!

우웅~
흠칫!!
오늘따라 널 꼬옥~ 안아 주고 싶구나.

무슨 짓이야?
가까이 오지 마.
난 허홍 녀석의 생각이
맘에 안 들 뿐이니까.
텁
잉?!

거짓말 마!
넌 이미 내 천재성을
인정하기 시작했어!

얘들아~,
새로운 소식이 있어!
탁
탁

쿵 쿵 쿵 쿵
응?
웬 공룡
발소리?

얘들아~!
쿵
쿵
쿵
쿵

팍!
휘이이잉
크헉!

2차전에 진출한
너희들에게 줄 선물이
마침 준비되었구나!
주섬
주섬

두둥
어떠냐?
비 올 땐 우산,
태양이 내리쬘 땐 양산!

이게 무슨 선물이에요?
교장 선생님 홍보하는 거지!
…….
모두 놀릴
거라고요!

범우주, 너만 불만인 것 같은데…….
모두 다 같은
생각일걸요?

우산이 가볍고
좋군요.
디자인도
완벽해요.
교장 선생님,
잘 쓰겠습니다.
…….
배신자들……!

맘에 안 들어
하는 사람이
있을까 해서,
진짜 선물은
따로 준비했다.
또 다른
홍보 용품이오?

1차전 때의 사건으로
마음고생도 많았을 테고…….
2차전을 맞아 새로운
다짐도 할 겸 해서,
띵~
윽!

즐거운
휴식 시간을
준비했다.
다 함께
태권도반 응원을
가자꾸나.
태, 태권도반?!

와!
우아~!
그럼 태권도반과
통닭 파티도
하나요?!
그럼, 그럼.
그렇게
되면.
화악
응원하면서
시합도
보는 거죠?
자연스럽게!
그렇지,
그렇지!

자! 란이야.
아~, 해 봐.
아이~,
우주도 참.
앙~
발그레~
후루룹
바로
이것이.
꿈에 그리던
데이트!

정말
훌륭하세요!
존경
해요.
꺄~
자, 그럼 지금
당장 출발~!
샤
방
제가 앞장설게요.

범우주,
넌 제외다.
쩌억..

제외라니
그 무슨…….
우리 실험반에서
제일 기초가
약한 죄지.
끼기긱

넌 여기에 남아 가설 선생님과
기초를 닦도록 하거라.
아주
열심히!!
말도
안 돼.
훌쩍..

선생님!
뭐라고 말씀 좀
해 보세요!
맞는
말이긴
한데…….
'통닭 앞에서는
모두 평등하다'
같은 거요…….

이게 다 가설 선생님
생각이니까, 그리 알거라.
쿠 쿵

자, 자!
모두 함께 갑시다~.
울먹
울먹
초롱이에게
안부 전해 줄게.
아…….

쏴아아아아아
크흑,
이런 비극적인
운명이라니!
믿을 수
없어!

우주야.
응?
훌쩍

내 생각엔,
선생님이 널 특별히
생각해서 그러신 것 같아.
우주는 우리랑 다르니까.
스윽
특별히……?!

우리는 하루 더 공부해도 크게 달라지지 않지만,
우주 넌 물을 빨아들이는 스펀지같이 하루하루 달라지잖아.
대결 전까지 훨씬 더 많은 걸 흡수할 수 있을 거야. 그러니까……,
두근..
날…….
으, 응…….
힘내!
날 믿고 있어! 란이가!

전국 태권도 대회
오늘은 전국 태권도 대회 단체전 본선이 있는 날이다!
우리 태권도반의 멋진 모습을 보여 주자!
특별히 교장 선생님과 실험반 학생들이 응원을 온다고 했으니까,

자, 번호!
하나!
둘!
셋!
넷!
다섯!
여섯! 번호 끝!

아니……! 단체전은 여덟 명이잖아. 아직 안 나온 두 녀석은 누구야?

한 사람은
김초롱!
또 하나는……,
주장이잖아.
탁
아!
그, 그렇지!

대체
초롱이는
어디 간
거야?!
뚜둑!

오싹
스으음
나 여기 있어.

무슨
일이야?
항상 스슥
다녀서 잘
안 보이긴
했지만.
오늘은
어째 더
안 좋아
보여.
터덜 터덜

준비 운동으로
운동장 열 바퀴
뛴다!
실시!
실시!

스스스스
하나! 둘!
태권!
탁탁탁탁
중얼
중얼
초롱아,
무슨 일 있어?
네 잎 클로버…….
주인은 따로 있었어.
그게, 우주 마음의 주인이야.
나란이…….
탁 탁 탁 탁 탁
뭐?!
그게 무슨 소리냐? 클로버라니. 우주 마음의 주인?!
탁 탁 탁 탁
파
으악!

비 올 땐 우산!
맑은 날엔 양산!
어떠냐?
너희를 위해
특별히
제작했단다.
카카카
아…….
안녕하십니까!
교장 선생님!
꾸벅
그래,
그래.
우리 학교의 자랑인
두 팀이 만났구나.
실험반을
소개해 주마!
강원소!
휘이잉
하지만!
짠~
샤방
나란이!
그리고 한 녀석이
더 있지.
우주 마음의
주인이야.
중얼
중얼
잠깐,
나란이라면……?!
나란이……!
그,
그러니까…….

네,
네가…….
우주가 좋아하는
나란이?!

안녕?
나란이라고 해.
귀. 귀엽다!!
허…

내가
우주라고 해도
이쪽을…….

끄~~
안 돼!
의리를 지키자,
의리!!
하둘~ 하둘~

모두 정지!!

지금부터 교장 선생님과
실험반 친구들과 함께
알찬 시간을 갖겠다!
하하하
알찬 시간?

그래! 시합하기 전에
긴장을 풀자꾸나.
내가 양념 통닭을
여러 마리 주문해 뒀으니
가서 함께 먹자~!
와아~
선생님,
최고!
껄껄
띵

발그레..

……!

와아아
와~
스스스스스스
멈칫!
둥…

척
척
비,
비켜!
뒤에는 적군,
앞은 낭떠러지란
말이야!

태권도인은
도망치지 않는다!
다 필요 없어…….

김초롱!
태권도
정신!!
태권도 정신!
하나,
사람이 지켜야 할
예절과 의리인 예의!
하나, 도리에 어긋난
행동을 부끄러워할
줄 아는 염치!
하나, 어떤 어려움도
참고 견디는 인내!
하나, 자신을 이기는
극기!
척

그리고
또,
하나!
…….

어떤 어려움이 닥쳐도
결코 굽히지 않는,
백절불굴…….
그래…….

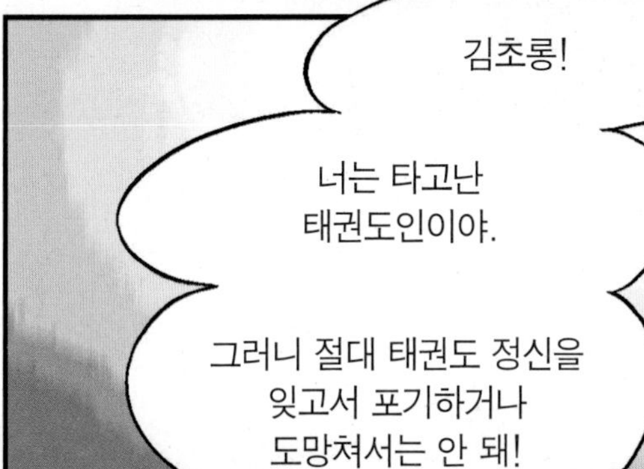
김초롱!
너는 타고난
태권도인이야.
그러니 절대 태권도 정신을
잊고서 포기하거나
도망쳐서는 안 돼!

그래, 나는…….

무슨 일이
닥쳐도!
척

절대
굽히지
않는다!
척!

포기하지도,
도망가지도 않아!
척
척
파하하
잘
먹겠습니다!
와~,
맛있겠다.
쩝~
펑~
털썩

초롱이, 왔구나~.
자, 이거 먹어.
움찔

…….
생긴 걸 보니
날개를
좋아하겠군.

꿈은 이루어진다!
화이팅~
응.
그래! 결코 다른 누군가 때문에 굽히지 않아!
내가 범우주를 좋아하는 거니까…….

콱
난 채식만 해.
헤~

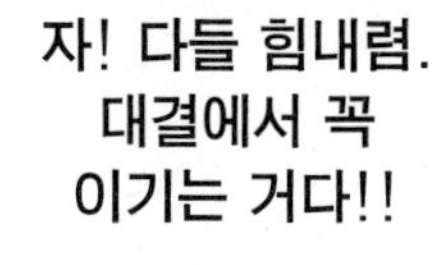
자! 다들 힘내렴.
대결에서 꼭
이기는 거다!!

네에에
그럼 이 무 줄까?
다 먹어도 돼.

우주는
잘하고 있겠지?

란이가,
또 선생님이 나를
믿고 있으니까…….
상대가
우승팀이라도!
상대가
어떤 팀이라도…….
우린
할 수 있어!
아삭

내일은 실험왕 ⑫ '공기의 대결' 편도 많이 기대해 주세요.

물의 특징

지구가 일정한 온도를 유지하는 것, 물이 순환하면서 생명체가 살아갈 수 있는 환경을 이어 가는 것, 식물이 물을 끌어올려 각 기관으로 운반하는 것, 동물이 영양분을 녹여 활동을 하는 것, 사람의 몸이 쉽게 뜨거워지지 않는 것, 배가 물 위에 뜨는 것, 오염된 환경이 스스로 정화되는 것 등은 모두 물이 가진 여러 가지 특징 덕분입니다.

물 분자의 구조

물이 가진 특징들은 물 분자를 이루고 있는 구조와 분자 간의 결합에서 비롯된 것입니다. 물 분자는 −전기를 가진 한 개의 산소와 +전기를 가진 두 개의 수소가 극성을 가지며 안정적이고 강하게 결합하고 있는데, 이것을 수소 결합이라고 합니다.

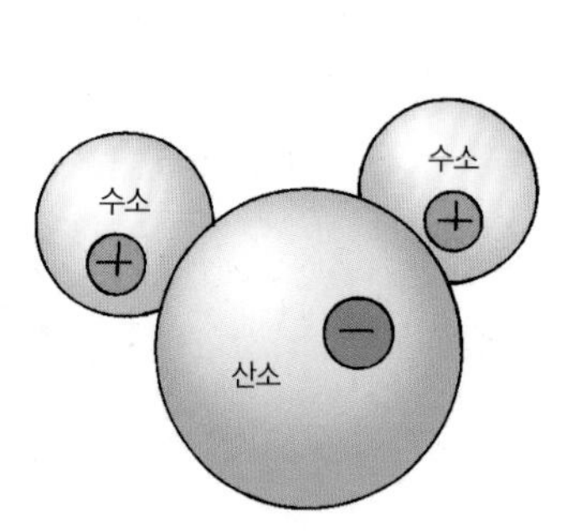

물 분자 한 개의 산소 원자와 두 개의 수소 원자가 강하게 결합된 형태이다.

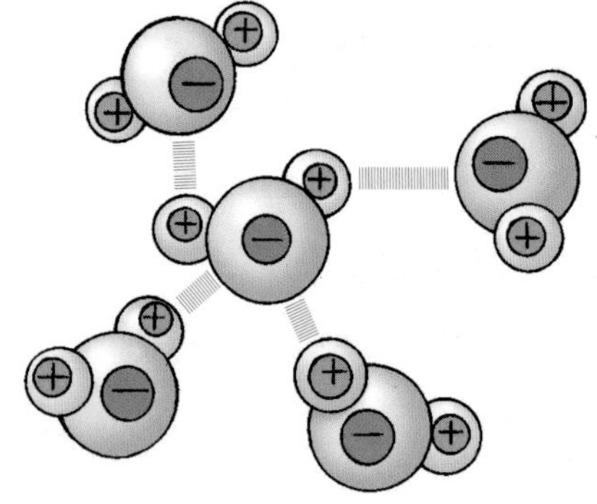

물 분자 간의 수소 결합 +극을 띠고 있는 수소가 각각 한 개씩, −극을 띤 산소가 두 개의 물 분자를 끌어당길 수 있어, 한 개의 물 분자는 최대 네 개의 물 분자와 결합할 수 있다.

용해성

용해란 두 물질이 균일하게 섞여 녹는 것을 말하며, 이때 녹이는 물질을 용매, 녹는 물질을 용질이라고 합니다. 물은 대부분의 용질을 녹일 수 있어서 지구상에 존재하는 가장 좋은 용매라고 하는데, 이것은 물 분자가 가지는 극성으로 다른 극성 물질들과 잘 결합하기 때문입니다.

또한 물 분자들은 서로 당기는 힘이 강해서, 다른 물질의 분자들을 쉽게 떨어지게 하기도 합니다. 물 분자가 용질의 분자들의 결합을 떨어뜨려 물 분자들 사이에

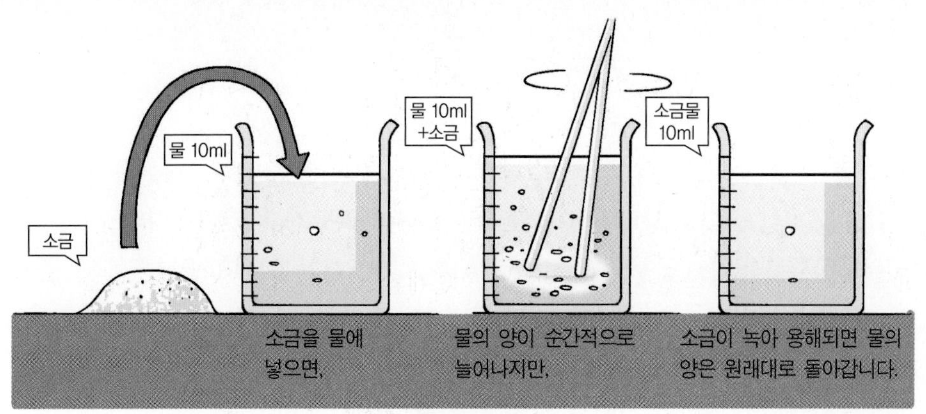

소금물 용해.

뒤에는 대기 중의 오염 물질이 빗물에 녹아 내려 공기가 상쾌해지며, 혈액 속의 물은 영양분을 녹여 세포에 전달하여 에너지를 만들어 냅니다.

비열

비열이란 물질 1g을 1℃ 올리는 데 필요한 열에너지입니다. 비열이 큰 물질일수록 온도를 올리는 데 많은 열에너지가 필요한데, 물은 다른 물질에 비해 비열이 매우 큽니다. 이것은 물 분자가 서로를 잡아당기는 인력이 크기 때문이며, 이렇게 안정적으로 강하게 결합하고 있는 분자를 움직여 온도를 올리려면 많은 열에너지가 필요한 것입니다. 이렇게 물의 비열이 크기 때문에 전체의 70%가 물인 지구의 온도는 급격하게 변하지 않고 일정하게 유지됩니다. 또 낮에는 해풍이 불고 밤에는 육풍이 부는 현상은 흙과 물의 비열 차이 때문에 생기는 기후 현상입니다.

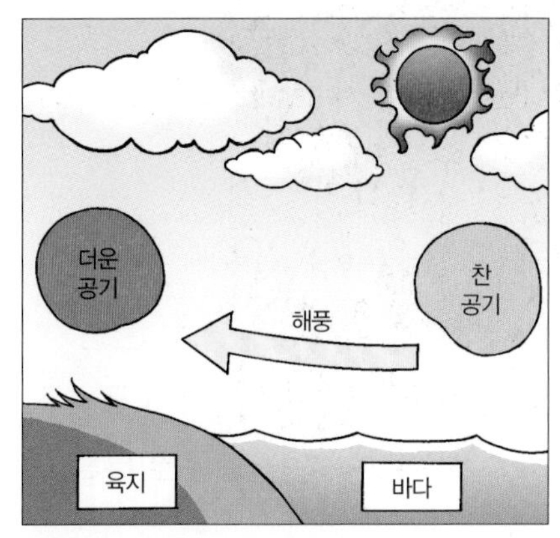

해풍 낮에는 비열이 작은 육지의 온도가 바다보다 뜨거워져, 지면 부근의 공기가 먼저 가열되어 위로 상승하기 때문에 저기압이 되고, 고기압인 바다 쪽에서 육지로 바람이 분다.

육풍 밤에는 비열이 작은 육지가 바다보다 먼저 냉각되어 고기압으로 변하고, 따뜻한 바다 위의 공기는 위로 상승하여 저기압이 되기 때문에, 육지에서 바다 쪽으로 바람이 분다.

밀도

밀도는 단위 부피당 질량을 말합니다. 물질마다 고유한 밀도 값을 갖고 있으며, 질량을 부피로 나눠 그 값을 구할 수 있습니다. 보통 고체 상태의 물질이 액체 상태일 때보다 밀도가 크지만, 물은 고체 상태인 얼음이 되면 오히려 밀도가 더 낮아집니다. 이것은 물의 독특한 분자 결합으로 인한 것인데, 물이 얼 때 물 분자들이 육각 구조를 이루면서 공간이 생기기 때문입니다. 물의 밀도는 4℃일 때 가장 크며, 온도가 더 높거나 낮으면 밀도가 작아집니다. 이런 특징 때문에 추운 겨울에도 호수나 강은 바닥까지 얼지 않아, 물고기들이 살 수 있습니다.

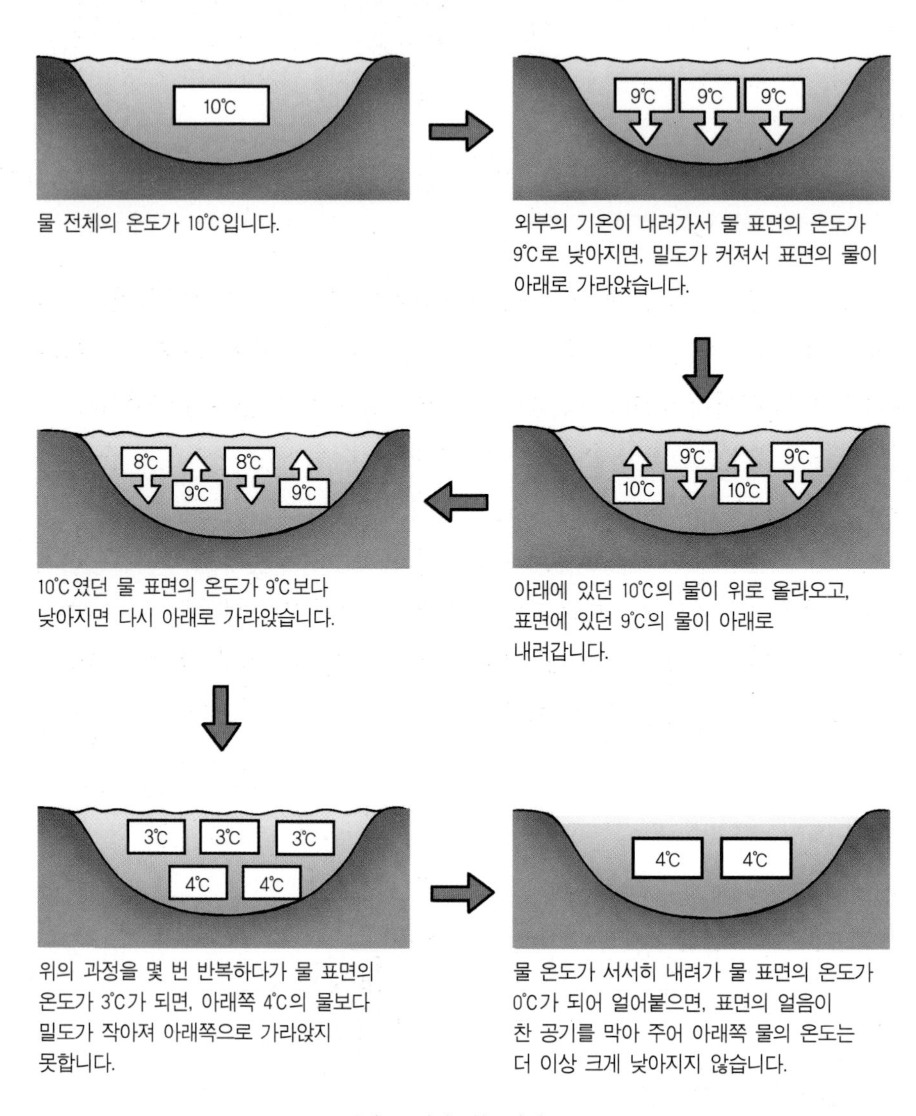

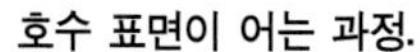
호수 표면이 어는 과정.

표면 장력

표면 장력은 액체의 표면적을 작게 하려고 액체 표면의 분자들이 서로 끌어당기는 힘입니다. 액체 표면 바깥에서 잡아당기는 힘보다 안쪽에서 잡아당기는 힘이 더 강해 액체 표면이 팽팽하게 잡아당겨진 막처럼 작용하는 것입니다. 물은 분자 간의 끌어당기는 힘이 다른 물질에 비해 강하기 때문에, 표면 장력이 다른 물질보다 더 큰 편에 속합니다. 이슬방울의 모양이 동그랗거나, 소금쟁이가 물 위에 떠 있을 수 있는 것 등은 물의 표면 장력 때문입니다.

우주 공간에서 물방울을 관찰하는 우주 비행사
중력이 없는 우주 공간에서도 표면 장력이 작용한다. 무중력 공간에서의 물방울은 둥근 모양을 유지하는 것을 볼 수 있다.

모세관 현상

액체에 좁고 긴 관을 넣었을 때, 관 속의 액체 높이가 관 밖의 액체보다 높아지거나 낮아지는 현상을 모세관 현상이라고 합니다. 이것은 분자 사이에 작용하는 인력과 분자와 관의 벽 사이에 작용하는 인력에 의해 영향을 받는데, 물은 물 분자끼리 결합하려는 힘보다 관의 분자와 결합하려는 힘이 더 강해서, 관 속의 물이 관 밖의 액체보다 더 높아지고 관 속 액체의 표면은 관에 달라붙어 오목한 모양이 됩니다. 관이 좁으면 좁을수록 이러한 모세관 현상이 강해져 물이 더 높이 올라가게 되는데, 종이나 천에 물이 저절로 스며드는 것이나 혈액이 인체의 모세 혈관을 타고 뇌까지 전달되는 것, 식물이 뿌리로 물을 흡수하여 가장 위의 잎까지 전달하는 현상 등은 이 모세관 현상으로 인해 일어나는 것입니다.

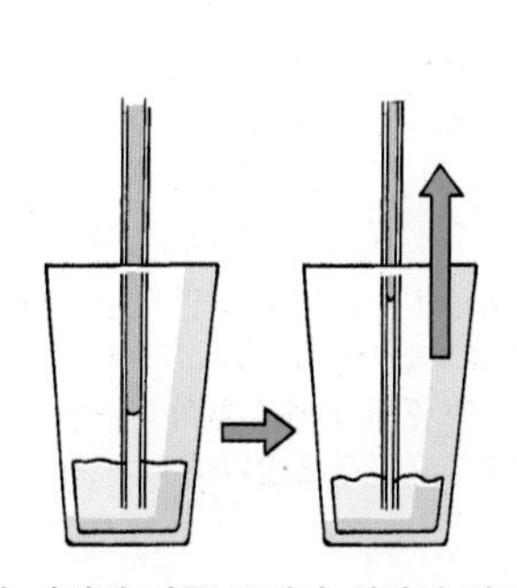

관 너비에 따른 모세관 현상의 차이.

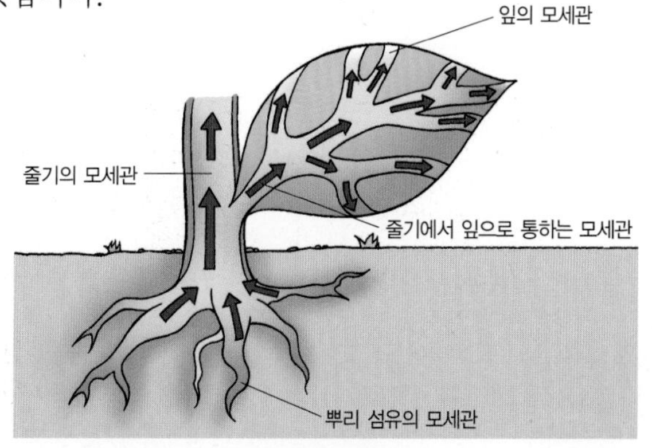

식물의 모세관 현상.